Wer steckt dahinter?

Michael Korth

Wer steckt dahinter?

30 unerhörte Lebensgeschichten

Mit 30 Profilen
von
Edith Prodinger

Das Rätsel für Gebildete aus dem

Eichborn Verlag

Zur Erinnerung an William Arrowsmith,
den gebildeten Rätselhaften

Die Deutsche Bibliothek – CIP-Einheitsaufnahme

Korth, Michael:
Wer steckt dahinter? 30 unerhörte Lebensgeschichten ;
Rätsel für Gebildete / Michael Korth. – Frankfurt am Main :
Eichborn, 1992
ISBN 3-8218-2128-0

Umschlaggestaltung: Rüdiger Morgenweck unter Verwendung einer
Zeichnung von Dö van Volxem.
Satz: Fuldaer Verlagsanstalt GmbH.
Druck und Bindung: Wiener Verlag, Himberg.
ISBN 3-8218-2128-0
Verlagsverzeichnis schickt gern:
Eichborn Verlag, Hanauer Landstraße 175, D-6000 Frankfurt am Main 1

Meister, was ist ein Rätsel?

Etwas Geheimnisvolles.

Und was ist ein Gebildeter?

Ein Wunder.

Und was bin ich?

Ein Dummkopf.

Philosophisches Gespräch zwischen Meister Pyng-Pyng und seinem Schüler Süm-prüm-fü-long, 6. Jahrhundert

Inhalt des geheimnisvollen Buches

DES RÄTSELS LÖSUNG

Damit Sie beim Nachschlagen auf der letzten Seite nicht gleich alle Lösungen auf einen Blick erhalten, stehen für die wahren Rätselfreunde Name und Lebensdaten der gefragten Person nach folgendem Schema verschlüsselt unter dem Text:

A = 1	F = 6	K = 11	P = 16	U = 21
B = 2	G = 7	L = 12	Q = 17	V = 22
C = 3	H = 8	M = 13	R = 18	W = 23
D = 4	I = 9	N = 14	S = 19	X = 24
E = 5	J = 10	O = 15	T = 20	Y = 25
				Z = 26

Ein Beispiel:

5	9	3	8	2	15	18	14
E	**I**	**C**	**H**	**B**	**O**	**R**	**N**

A	I	I	B
1	**9**	**9**	**2**

(Bei den Lebensdaten ist 0 = Null)
z. B. AI00 = **1900**

1

Selfmademan mit großem Hirn

Mit 22 kommt er zum ersten Mal ins Gefängnis. Verzweifelt schreibt er einem einflußreichen Bekannten: Man »hat mich heute morgen verhaftet. Mehr kann ich Ihnen nicht sagen. Ich weiß nicht, aus welchem Grunde. Meine Unschuld sichert mir Ihre Protektion. Wenn Sie mir diese gewähren würden, wäre ich allzu glücklich.«

Ganz so unschuldig wie er beteuert, ist er natürlich nicht. Unter einem strengeren Herrscher wäre er für sein Vergehen zweifellos gefoltert und zum Tode verurteilt worden. Er hat noch einmal Glück gehabt.

Im Gefängnis darf er als Sohn aus gutem Hause Bücher lesen. Schreibzeug wird ihm allerdings nicht bewilligt. So beginnt er mit einem Bleistiftstummel an die Ränder und zwischen die Zeilen seiner Bücher ein Epos zu schreiben, ein Heldengedicht auf einen toleranten Herrscher. Mit dieser Hagiographie hofft er, die Scharte wieder auszuwetzen, die er mit seiner spitzen Feder gekratzt hat. Was er nicht ahnt: Dieses Buch wird der Grundstein seines zukünftigen Reichtums.

Als er nach elf Monaten Haft wieder frei atmen kann, will er sich erst einmal einen Namen machen. Und weil ihm der eigene nicht vornehm genug klingt, erfindet er das adlige Pseudonym, unter dem er später weltberühmt wird. Keck läßt er den klingenden Namen auf die Ausgabe seiner ersten erfolgreichen Tragödie drucken. Ein hoher Herr fühlt sich dadurch provoziert und in seiner Standesehre gekränkt. Er rempelt den Künstler öffentlich in der Oper an: »Monsieur de . . . , Monsieur A . . . – wie heißen Sie eigentlich?« Der Angepöbelte erwidert: »Ich schleppe keinen großen Namen hinter mir her; aber ich mache dem Namen Ehre, den ich trage.«

Dieser Verteidigungsangriff bewirkt eine Kette schicksalshafter Ereignisse. Kurz darauf wird der junge Tragiker von einer Schar Diener des Edelmanns überfallen. Sie prügeln mit Knüppeln auf den mageren Dichter ein, angefeuert von den Rufen ihres Chefs: »Schlagt nicht auf den Kopf! Aus dem kann noch etwas Gutes herauskommen!«

Rasend vor Zorn fordert der Gedemütigte seinen feinen Peiniger zum Duell. Doch der hohe Herr weigert sich, die Forderung eines bürgerlichen Schreiberlings anzunehmen. Die Polizei beendet das Hickhack, indem sie den Störenfried auf Weisung »von oben« wieder ins Gefängnis steckt. Als er kleinlaut verspricht, freiwillig ins Exil zu gehen, läßt man ihn nach zwei Wochen auf freien Fuß. Wenig später betritt er London, die damals modernste und freieste Stadt der Welt.

Tiefgekränkt beschließt der Mensch zweiter Klasse, seinen Geist zu Geld zu machen, um durchs große Geld ein großer Herr zu werden. Das gelingt ihm mit Unterstützung der englischen Königin, der er kurzentschlossen sein vor elf Jahren begonnenes Gefängnisepos widmet. Die Queen ist geschmeichelt. Eine bessere Werbung gibt es nicht. Alle Mitglieder des Hofes und des Hochadels wollen das Buch des Verbannten haben. Koste es, was es wolle. Und es kostet viel. So viel, daß der Autor des Bestsellers über Nacht ein reicher Mann ist. Umgerechnet DM 750.000 hat er im Reisegepäck, als er im Jahr darauf in seine Heimat zurückkehren darf.

Fürs Geldmachen hat er einen ebenso großen Spürsinn wie für die aktuellen Themen der Zeit. Seine oft dubiosen Finanzpraktiken rechtfertigt er so: »Um mich für die üblen Begleiterscheinungen der Schriftstellerei schadlos zu halten, habe ich mir vorgenommen, ein großes Vermögen zu machen, wie das Pack sich ausdrückt.«

Kurz nach der Rückkehr aus England erklärt ihm ein Mathematiker die Reform der Staatslotterie. Plötzlich überkommt ihn die Erleuchtung, daß ein sicherer Gewinn für den herausspringt, der sämtliche Lose auf einen Schlag aufkauft. Er hat zwar nicht soviel Bargeld, aber er findet mühelos ein paar risikofreudige Spekulanten. Der Generalkontrolleur ist entsetzt, als ihm alle Lose auf einmal zur Einlösung vorgelegt werden. Er verweigert die Auszahlung. Doch es geht um die Glaubwürdigkeit der Staatslotterie. Schließlich wird die Summe ausgezahlt. Von dem Reingewinn erhält unser Finanzgenie den Löwenanteil – nach heutigem Wert rund 2,5 Millionen Mark. Er streicht die Beute ein und flüchtet vor der Rache des Finanzministers. Doch die ganze Stadt ist über den Geniestreich begeistert. Couragiert kehrt er zurück und stürzt sich als Held des Tages ins Gesellschaftsleben. In den freien Stunden verfaßt er Dramen, Operntexte, Gedichte und Aufsätze. Von Mitternacht bis zum Morgengrauen glänzt er in den Salons feiner Damen.

Das hektische Leben zehrt ihn aus. Nachts für die Damen und tagsüber für den Beruf zu wachen, behagt seinem schwächlichen Körper gar nicht. Er rebelliert. Zur Gesundung trinkt unser homme de lettres literweise Kaffee und stopft pausenlos Pillen in sich hinein. Seine Freunde bemerkten besorgt, daß er »häßlich wie der Tod und mager wie die Sünde« aussieht.

Mit 38 ist er physisch so erschöpft, daß er bereits den Sensenmann winken sieht. Da bringt ihn die geheime Warnung auf die Beine, ein Haftbefehl wegen staatsgefährdender Umtriebe sei gegen ihn erlassen worden. Er packt die Koffer und flüchtet zu einer Freundin aufs Land. Ihr Schloß liegt unmittelbar an der Grenze. Im Notfall kann er sich ins liberale Holland absetzen.

Die Freundin ist zärtlich, gelehrt und voll Esprit. Sie reitet und fechtet und beherrscht mehrere Sprachen vollkommen. Sie gibt ein Vermögen für Bücher und Kleider aus, deren Décolletés so tief ausgeschnitten sind, daß man ihre knallrotgefärbten Brustwarzen sieht. Ihre Verschwendungssucht ist grenzenlos. Ihr Freund und Finanzier stöhnt: »Sie hat einen tadellosen Geschmack und ist so habgierig, daß auch der reichste König ihre Wünsche nicht erfüllen könnte. Was immer sie sieht, will sie haben, und sie hat sehr gute Augen.«

Auch sonst überfordert die energiegeladene Dame ihren in einem Punkt besonders schwächlichen Liebhaber. Trotzdem leben sie 15 Jahre zusammen. Sie machen physikalische Experimente, arbeiten über Newton und Leibniz, richten das Schloß ein, legen Gärten an.

Ihr Ehemann, der Marschall, hat gegen die poetische Liaison nichts einzuwenden. Er ist sowieso nie daheim.

Als der Hausfreund eines Tages gegen ihren Willen

einen königlichen Bewunderer besucht, nimmt sich die vitale Dame gekränkt einen zehn Jahre jüngeren Geliebten.

Als der alte Liebhaber zurückkehrt, ertappt er seine Freundin in einer Situation, bei der er sich als störender Dritter vorkommt. Es kommt zum Krach. Die Philosophen wollen sich prügeln. Da sorgt ihre Herzensdame mit einem Machtwort für den Hausfrieden. Nun lebt man zu dritt in leidlicher Harmonie. Doch das Abenteuer hat Folgen. Madame ist schwanger. Man lädt sogleich den Herrn Gemahl ein, der kurz darauf erscheint und eine Reihe angenehmer Tage im Kreis seiner Frau und ihrer Freunde verbringt. Madame ist ihm gegenüber sehr liebenswürdig, und er zieht daraus seine Konsequenzen. Kurz nach seiner Abreise teilt der Hausherr den Gästen seiner Frau mit, daß er ein Kind erwarte. Man hat eine gelungene Rokokokomödie gespielt.

Lächelnd vermerkt unser Philosoph und hypothetischer Vater: »Wir werden das Kind in Madames ... gemischte Werke einreihen.«

Im September schreibt er gutgelaunt an einen Freund: »In der Nacht hatte Madame ..., während sie wie üblich an ihrem Newton kritzelte, ein seltsames Gefühl. Sie rief ihre Kammerjungfer, und diese hatte gerade noch Zeit, ihre Schürze aufzuhalten, um darin ein kleines Mädchen aufzufangen. Die Mutter legte ihre Papiere zusammen und ging zu Bett, und alle drei schlafen jetzt wie Siebenschläfer.«

Ein paar Tage nach der Geburt des Kindes stirbt die 43jährige am Kindbettfieber. Ihr Lebensgefährte ist vollkommen verzweifelt: »Ich habe nicht nur den Verlust einer Geliebten erlitten. Ich habe die Hälfte von meinem Selbst verloren, einen Geist, der meinen vollendet ergänzte.«

Vereinsamt folgt er der Einladung seines königlichen Bewunderers – und verlangt 4000 Reichstaler zur Finanzierung der Reise. Nach der Ankunft schwärmt er über Stadt und Gastfreund, und auch sein Gastgeber ist höchst entzückt: »In unserer kleinen Gesellschaft löscht das große Licht unseres Dichters das schwache Licht der Kerzen aus; er, und er allein hat Geist, und wir haben das Vergnügen, ihm zuzuhören.«

Doch bald bekommt die schwärmerische Freundschaft einen Knacks. Die Herzensfreunde setzen Spione aufeinander an und beginnen sich herzlich zu hassen. Verbittert verläßt der einst Gefeierte das ungastliche Schloß. Inzwischen fast 60 Jahre alt, will er lieber sein eigener kleiner König sein statt nach der Flöte eines Despoten zu tanzen.

Mit den goldenen Früchten seiner finsteren Geldgeschäfte schafft er sich ein Fürstentum am Genfer See an – für alle Fälle in Grenznähe. Nun besitzt er »20 Herrschaften mit 1.200 Untertanen, herrliche Villen und Schlösser, Gemäldegalerien und Bibliotheken.«

Mit 83 Jahren und »83 Krankheiten« wagt er sich nach 27 Jahren noch einmal nach Paris. Die Stadt ist aus dem Häuschen. Jeder will das weltberühmte Monument sehen. Drei Monate später kritzelt er mit zittriger Hand an seinen Arzt: »Ihr alter Kranker hat Fieber. Sein eitler Leib hat geschwollene Beine und ist von roten Flecken übersät. Er wollte sich heute morgen zum Tempel des Äskulap schleppen. Er kann es nicht.« Sein letzter Brief von rund 20.000 Vorgängern. Vier Tage danach nimmt der Tod dem Berühmten die Feder aus der Hand.

Weil ihm der Erzbischof von Paris als Ketzer das Begräbnis verweigert, lassen die Neffen ihren Onkel in der Nacht vom 30. zum 31. Mai ausweiden und einbalsamieren. Der Chirurg bittet um das überdurchschnittlich große Gehirn, das Herz des Entseelten bekommt ein anderer Verehrer als Erinnerungsstück. Der präparierte Leichnam wird mit Hausrock und Nachtmütze bekleidet in eine Kutsche gesetzt. Dergestalt als schlafender Mann maskiert, passiert der einbalsamierte große Geist die Stadtgrenze, um fern in der Champagne bei weniger engherzigen Mönchen begraben zu werden.

Wer war das Jahrhundertgenie, dessen berühmtester Ausspruch sogar gern von seinen christlichen Feinden zitiert wird: »Wenn es Gott nicht gäbe, so müßte man ihn erfinden.«

22 15 12 20 1 9 18 5
AFID-AGGH

2

Ein Freund von Bier und Horoskopen

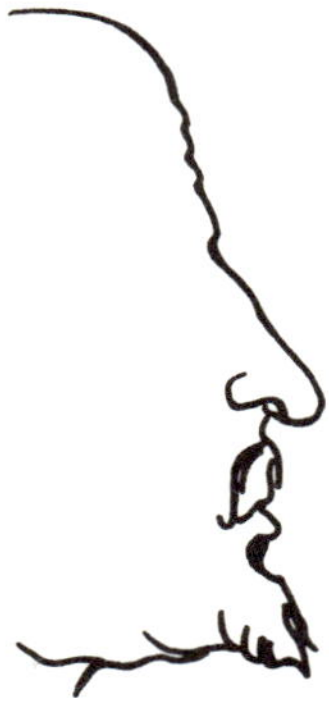

Wo er auftaucht, fließen Blut und Bier in Strömen. Alle Verwalter seiner Güter müssen stets mehrere Fässer Weißbier für ihn parat halten. Wenn der Gerstensaft seinem fürstlichen Geschmack nicht entspricht, droht dem Braumeister eine Strafe von hundert Stockhieben. Geschäftstüchtig wie er ist, führt er in seinen böhmischen Dörfern ein Biermonopol ein und verbietet seinen Untertanen, fremdes Bier zu trinken. Kein Wunder, daß er sich nicht gerade beliebt macht.

Der wortkarge Mann ist jähzornig und grausam, Eigenschaften, die ihm in seinem Beruf förderlich sind. Mit einem Heer von 40.000 schlagkräftigen Männern versetzt er Deutschland in Angst und Schrecken. Der Horror, den er verbreitet, quält ihn allerdings auch selbst.

Besorgt um seine Zukunft, läßt er sich Horoskope stellen. Darin werden ihm von Experten Machtstreben, Ehrgeiz, viele Feinde und Aberglaube bescheinigt. Nicht prophezeit wird ihm jedoch, daß er eines Tages wegen Hochverrats angeklagt und nachts von Meuchelmördern im Nachthemd hingerichtet wird. Wer kennt diesen Toten?

1 12 2 18 5 3 8 20	23 5 14 26 5 12
22 15 14	23 1 12 12 5 14 19 20 5 9 14
AEHC-AFCD	

3

Der trübsinnige Künder der Lebenslust

Besonders die Deutschen kann er nicht leiden. Selbst im Kochtopf glaubt er ihr muffiges Wesen entlarven zu können: »Aber die deutsche Küche überhaupt – was hat sie nicht alles auf dem Gewissen! Die Suppe vor der Mahlzeit . . . ; die ausgekochten Fleische, die fett und mehlig gemachten Gemüse; die Entartung der Mehlspeise zum Briefbeschwerer! Rechnet man gar noch die geradezu viehischen Nachguß-Bedürfnisse der . . . Deutschen dazu, so versteht man auch die Herkunft des deutschen Geistes aus betrübten Eingeweiden.«

»Wieviel verdrießliche Schwere, Lahmheit, Feuchtigkeit, Schlafrock, wie viel Bier ist in der deutschen Intelligenz!«

Als Mitglied der Burschenschaft Franconia muß er es wissen. Der Menschenscheue ersäuft sich Gesellschaft auf verqualmten Kommerzabenden und schlägt linkisch mit dem Degen auf fechtende Kommilitonen ein. Am Ende des ersten Semesters schreibt er selbstbewußt nach Hause: »Ich gelte hier in studentischen Kreisen etwas als musikalische Autorität und außerdem als sonderbarer Kauz... Ich bin durchaus nicht unbeliebt, ob ich gleich etwas mokant bin und für satirisch gelte.«

Er sprüht vor Witz und musikalisch ist er auch. Kein Wunder, daß ihn das tumbe Treiben seiner Zechgenossen bald anödet. Er entflieht dem bierseligen Ungeist in die lichten Gefilde von Musik und Poesie. Bereits als 10jähriger komponierte er seine erste Motette. Jetzt greift er kühn in die Tasten und erfindet Melodien zu eigenen und fremden Gedichten.

Nach drei Semestern wechselt er die Universität. Mit poetisch gestimmten Freunden gründet er einen Schöngeisterzirkel. Hier glänzt er mit überraschenden Ideen. Vom Erfolg ermutigt, zeigt er seinem Professor das Manuskript einer Rede. Der lobt ihn und gibt die Anregung, den Text für die Veröffentlichung umzuarbeiten. »Nach dieser Szene ging mein Selbstgefühl mit mir in die Lüfte. Mittags machten wir Freunde zusammen einen Spaziergang... Mir schwebte mein Glück auf den Lippen. Endlich, im Gasthof, als wir Kaffee und Pfannkuchen vor uns hatten... erzählte ich den neidlos staunenden Freunden, was mir widerfahren war.«

Er gewinnt einen akademischen Preis. Andere Veröffentlichungen folgen. Seine brillant formulierten Aufsätze machen den jungen Wissenschaftler in Fachkreisen schnell bekannt. Rastlos arbeitet er mit preußischer Disziplin. »So zwang ich mich 14 Tage hintereinander, immer erst um 2 Uhr nachts ins Bett zu gehen und es genau um 6 Uhr wieder zu verlassen.« Der Einsatz lohnt sich. Noch als junger Mann wird er Professor. Was will er mehr? Wie Faust nach den Sternen greifen? Über Faust macht sich der junge akademische Star eigenartige Gedanken: »Die Faust-Idee. – Eine kleine Näherin wird verführt und unglücklich gemacht; ein großer Gelehrter aller vier Fakultäten ist der Übeltäter. Das kann doch nicht mit rechten Dingen zugegangen sein? Nein, gewiß nicht! Ohne die Beihilfe des leibhaftigen Teufels hätte es der große Gelehrte nicht zustande gebracht.«

Er spottet. Aber ist dieser große Gelehrte nicht er selber, nur leider ohne den Beistand höllischer Mächte? Er findet nicht einmal eine kleine Näherin, und die Bürgertöchter der kleinen Universitätsstadt sind nicht nur bis zum Kragen, sondern auch sonst äußerst zugeknöpft. Unser scheuer Intellektueller ist alles andere als ein Frauenheld. Trotzdem tanzt er von Ball zu Ball – aber über den Händedruck hinaus kommt er keiner Schönen näher. Daheim in seiner Junggesellenbude grübelt er frustriert über das Wesen des Weiblichen nach – mit kuriosen Schlüssen: »Das Weib hat so viel Grund zur Scham; im Weibe ist so viel Pedantisches, Oberflächliches, Schulmeisterliches, Kleinlich-Anmaßendes und – Unbescheidenes versteckt . . . , das im Grunde durch die Furcht vor dem Mann am besten zurückgedrängt und gebändigt wird.«

Bald hat er das spießige Gesellschaftsleben satt. Aus der Enge der Kleinstadt treibt es ihn in das großzügige Haus einer Künstlerfamilie. Dort nimmt man den jungen Mann mit offenen Armen auf. Das Unkonventionelle gefällt ihm, und den 30 Jahre älteren Freund hat er schon als Schüler verehrt. Er schwärmt: »Dazu habe ich einen Menschen gefunden, der wie kein anderer das Bild dessen, was Schopenhauer »das Genie« nennt, mir offenbart und der ganz durchdrungen ist von jener wundersamen innigen Philosophie . . . In ihm herrscht so unbedingt Idealität, eine solche tiefe und rührende Menschlichkeit, ein solcher Lebensernst, daß ich mich in seiner Nähe wie in der Nähe des Göttlichen fühle.«

Der göttliche Meister inspiriert ihn zu seiner ersten großen Verkündigung. Er beschwört darin die Kultur einer heroischen Zeit als alles besser war. Überschwenglich predigt er sein neues esoterisches Ideal: »Singend und tanzend äußert sich der Mensch als Mitglied einer höheren Gemeinsamkeit: er hat das Gehen und Sprechen verlernt und ist auf dem Wege, tanzend in die Lüfte emporzufliegen. Aus seinen Gebärden spricht Verzauberung. Wie jetzt die Tiere reden, und die Erde Milch und Honig gibt, so tönt auch aus ihm etwas Übernatürliches: als Gott fühlt er sich, er selbst wandelt jetzt so verzückt und erhoben, wie er die Götter im Traum wandeln sah. ... und zu den Meißelschlägen des dionysischen Weltenkünstlers tönt der eleusinische Mysterienruf: »Ihr stürzt nieder, Millionen? Ahnest du den Schöpfer, Welt?«

Der große Meister schreibt dem jungen Autor gerührt: »Schöneres als Ihr Buch habe ich nichts gelesen.«

Der junge Esoteriker wähnt sich im beschworenen siebten Himmel. Leider nicht lange. Denn außer einigen Freunden aus der Studentenzeit, sind die Kollegen von den Schwärmereien pikiert. Man hält ihn für einen Spinner und übergeht sein enthusiastisches Werk mit gelehrtem Schweigen. Hilfesuchend schreibt er seinem verehrten Lehrer und einstigen Förderer: »Sie werden mir mein Erstaunen nicht verargen, daß ich von Ihnen auch kein Wörtchen über mein jüngst erschienenes Buch zu hören bekomme.«

»Geistreiche Schwiemelei«, notiert sein Lehrer kurz und bündig in sein Tagebuch. Erledigt.

Die eisige Ablehnung seiner Zunftkollegen trifft

den Visionär tief. Seine Magenbeschwerden werden stärker, seine Kopfschmerzen nehmen zu. Er hat Depressionen, fühlt sich einsam, ungeliebt und unverstanden. Zu allem Unglück verläßt die Künstlerfamilie das Haus, das ihm zur zweiten Heimat geworden ist. In seinem Stolz verletzt, erwägt er, den Akademikerjob aufzugeben, um sich als Vortragskünstler ganz seinem neuen Kunstideal zu weihen. Melancholisch komponiert er Meditationen über ein Thema von Byron.

Doch die Welt der Töne nimmt ihn nicht gefangen. Aus der Öde der Provinz treibt es ihn ruhelos umher, auf der Suche nach dem wahren Sinn. Aber je verzweifelter er diesem nachreist, um so ferner entschwindet er. Er wird so trübsinnig, daß ihn sein väterlicher Freund anfleht, sein Leben zu ändern: »Ihr Brief hat uns wieder viel Kümmernis über Sie gegeben ... Unter anderm fand ich, daß ich einen solchen männlichen Umgang wie Sie ihn ... für die Abendstunden haben, in meinem Leben nicht hatte ... Ich meine, Sie müßten heiraten oder eine Oper komponieren ... das Heiraten halte ich aber für besser ... Ach, Gott! heiraten Sie eine reiche Frau! Warum muß nur Gersdorff gerade eine Mannsperson sein.« Heiraten! Mit wonnigem Gruseln malt er sich die Freuden des Ehelebens aus: »Gesetzt, sie liebte mich, wie lästig würde sie mir auf die Dauer werden! Und gesetzt, sie liebte mich nicht, wie lästig würde sie erst da mir auf die Dauer werden! – Es handelt sich nur um zwei verschiedene Arten des Lästigen – heiraten wir also!«

Aber wen? Gemeinsam mit seinem Busenfreund Gersdorff hat er gerade Manzonis »Die Verlobten« gelesen. Dergestalt zärtlich gestimmt, nähert er sich schüchtern einer jungen Holländerin, die er ein paar

Tage zuvor kennengelernt hat. Nach einem Spaziergang mit der Holden ist er sich sicher: das ist die Frau seines Lebens. Mutig taucht er die Feder in die Tinte und schreibt einen Werbebrief. Kaum ist die Liebesbotschaft im Kasten, verläßt ihn der Mut. Er reist ab und hofft in sicherer Entfernung auf Amors Beistand. Umsonst. Die junge Dame will nicht. Gekränkt diagnostiziert er: »Wenn ein Weib gelehrte Neigungen hat, so ist gewöhnlich etwas an ihrer Geschlechtlichkeit nicht in Ordnung.«

Um sich aufzuheitern, folgt er der Einladung seines verehrten Meisters. Schon nach ein paar Tagen gehen ihm die Selbstdarstellungskünste des Gefeierten auf den Geist: Er »wirkt wie ein fortgesetzter Gebrauch von Alkohol. Er stumpft ab, er verschleimt den Magen. Spezifische Wirkung: Entartung des rhythmischen Gefühls.«

Sein Kopfschmerz wird unerträglich. Er gibt seine Stellung auf. Auf der Flucht vor den endlosen Migräneanfällen reist er kreuz und quer durch Europa. In Rom lernt der 40jährige eine 21jährige Russin kennen. Es ist Frühling. Sein Kopfweh ist im milden Westwind wie weggeblasen und er selbst verliebt wie ein junger Kater. Er besucht mit ihr die Stätten glücklicher Vergangenheit, er korrigiert liebevoll ihre Gedankensplitter und ist eines Tages weg vor Wonne, als er glaubt, sich als Gestalt in einem ihrer Gedichte zu entdecken.

Gewitzt durch den Korb, den er vor Jahren von der hübschen Holländerin bekommen hat, schickt er einen Freund als Brautwerber. In seiner erotischen Unschuld bemerkt er nicht, daß auch der Freund in die rassige Russin verliebt ist. Der Postillon d'amour umgarnt die Schöne und versucht, sie für das eigene Bett zu gewinnen. Es kommt zu häßlichen Szenen und

Briefen. Die Schwester des scheuen Verkünders der Lebenslust mischt sich ein. Sie verbreitet Klatsch und üble Nachrede über die Umworbene. Er verkracht sich mit dem treulosen Freund und beide Rivalen erhalten von der Umschwärmten einen Korb.

Frustriert flüchtet er nach Genua, von dort wieder rastlos umher. Schließlich landet er in Turin: »Meine Existenz ist eine fürchterliche Last ... Beständiger Schmerz, mehrere Stunden des Tages ein der Seekrankheit eng verwandtes Gefühl, eine Halb-Lähmung, wo mir das Reden schwer wird, zur Abwechslung wütende Anfälle ...«

Er schlüpft hinüber in die Wunderwelt seiner Visionen und wird zum Clown und Messias seiner eigenen Phantasie: »Zuletzt war ich noch Voltaire und Napoleon, vielleicht auch Richard Wagner ... Ich habe aber auch am KREUZE gehangen.«

Wer war der einsame Ketzer, der sein Leben lang mit dem lieben Gott auf Kriegsfuß stand und ihn eines Tages kurzerhand für tot erklärte?

6 18 9 5 4 18 9 3 8 14 9 5 20 26 19 3 8 5
AHDD-AI00

4

Schneller Sex und heiße Tasten

Wenn er in schöpferische Ekstase gerät, schreibt er 80 bis 100 Seiten pro Tag. Seine Bücher entstehen oft in drei bis sechs Tagen. Das ist so rätselhaft, so unheimlich, daß manche an seiner Existenz zweifeln. Verbirgt sich hinter seinem Namen nicht eine Schreibfabrik, die pausenlos Texte auf den Markt wirft? Doch je mehr der Rätselhafte von sich preisgibt, um so unbegreifbarer wird der »Balzac ohne Längen«, wie Kollegen ihn nennen.

Mit 70, nachdem er 214 Bücher zur Welt gebracht hat, beschließt er Atem zu holen und der »Krankheit« der Romanschreiberei zu entfliehen.

Mit »nahezu sadistischer Freude« verkauft er seinen Rolls-Royce, entläßt seine Dienerschaft und zieht aus seinem Palazzo in ein kleines Haus mit handtuchgroßem Garten. Hier spielt er den weisen Alten und erinnert sich in seinen »intimen Memoiren« an die Himmel und Höllen seiner gescheiterten Ehen, seiner Kinder und an die vielen, vielen Frauen, die ihm das Leben versüßten. 10.000 sollen es gewesen sein.

Wer war das Weltwunder, das mit seinem nackten Stil eine so wohlige Wärme verbreitete, daß es zum erfolgreichsten Autor dieses Jahrhunderts wurde?

7 5 15 18 7 5 19 19 9 13 5 14 15 14
AIOC-AIHI

5

Der menschenscheue Selbstdarsteller

Er lebt anders, als er denkt und predigt. Er ist geradezu verliebt in Güte und Menschlichkeit, führt sich aber gegen liebe Mitmenschen wie ein Barbar auf. Dieser Zwiespalt regt ihn zu wunderlichsten Gedanken an, die so brillant formuliert sind, daß er damit Aufmerksamkeit, ja, Begeisterung erregt. Stolz schickt er sein aufsehenerregendes Buch zur Begutachtung an eine weltberühmte Autorität. Diese, der hellste Kopf der ganzen Epoche, antwortet amüsiert: »Noch niemand hat soviel Geist verschwendet wie Sie, in dem Bestreben, uns wieder zu Bestien zu machen. Man bekommt richtig Lust, auf allen vieren zu gehen, wenn man Ihr Werk liest. Indessen habe ich diese Gewohnheit schon seit sechzig Jahren aufgegeben, und so ist es mir unmöglich, sie wieder aufzunehmen.«

Obwohl der Kritiker den gefühlsseligen Literaten für einen Spinner hält, lädt er ihn großzügig auf sein Schloß ein, »um sich in der frischen Luft zu stärken. Sie sollten mit mir die Freiheit genießen, die Milch unserer Kühe trinken und das Gras unserer Wiesen abweiden.«

Der Weltverbesserer, leicht verletzlich und krankhaft mißtrauisch gegen Wohltäter, empfindet die lustige Einladung als Hohn und Spott gegen sich und sein Werk. Als ernsthafter Mensch und Calvinist versteht er keinen Spaß. Er antwortet gekränkt: »Gesättigt von Ruhm leben Sie frei im Schoß des Überflusses; Ihrer Unsterblichkeit ganz gewiß philosophieren Sie ruhig über die Natur der Seele; wenn der Körper oder das Herz leidet, haben Sie Tronchin zum Arzt und Freund – und trotzdem finden Sie alles schlecht auf der Erde. Und ich, der unbekannte, arme und von einem unheilbaren Übel geplagte Mensch denke in meiner Einsamkeit mit Vergnügen nach und finde, daß alles gut ist.«

Weder ist er unbekannt noch findet er alles gut. Und seine zur Schau gestellte Einsamkeit ist ein erfolgreicher Werbegag. Mit atemberaubender Virtuosität spielt er die Rolle des verkannten Genies. Und wenn er auch nicht der Erfinder dieses Genres ist, gehört er zweifellos zu den berühmtesten Selbstdarstellern der Weltgeschichte. Jedes Gebrechen, jede Kritik, jedes Mißgeschick nutzt er raffiniert, um sich als armer Künstler in Szene zu setzen. Als ihm die Uhr gestohlen wird, erklärt er theatralisch: »Gottseidank, nun brauche ich mich wenigstens nicht mehr nach ihr zu richten.«

Weil er ständig grübelt, kann er nachts nicht schlafen. Manchmal denkt er vier, fünf Nächte über einen Satz nach, bevor er ihn zu Papier bringt. Die Schwerarbeit zermürbt ihn, aber seinen Bewunderern erzählt er: »Ich schrieb nur, um mir die langen Nachtstunden zu vertrödeln.«

Seine Gier nach Anerkennung, sein Neid auf den Erfolg anderer, sein Trieb, sich stets in Szene zu setzen, wurzeln in den sonderbaren Erlebnissen seiner Kindheit, die bereits dramatisch beginnt: »Ich kostete meiner Mutter das Leben, und meine Geburt war mein erstes Unglück.«

Der Vater, ein ruheloser Uhrmacher, den es einst auf seinen Wanderungen bis nach Konstantinopel verschlug, zieht ihn auf. Der Junge ist begabt. Mit sechs kann er perfekt lesen. Vater und Sohn lesen sich gegenseitig bis zur Erschöpfung vor. »Wir konnten nie vor dem Ende eines Bandes aufhören. Manchmal sagte mein Vater ganz beschämt, wenn er am Morgen das Zwitschern der Schwalben hörte: Legen wir uns zu Bett. Ich bin noch ein größeres Kind als du.«

Als der Junge zehn Jahre alt ist, findet das Bildungs-Idyll ein jähes Ende. Der Vater prügelt in einem Wutanfall einem Offizier die Nase blutig. Als der Prozeß droht, gibt er den Jungen in die Obhut seines Schwagers und flieht über die Grenze. Vater und Sohn werden sich nur einmal flüchtig wiedersehen.

Der Junge ist zutiefst verletzt. Er fühlt sich ausgestoßen. Der Onkel reicht ihn zur Ausbildung an einen Pfarrer weiter. Doch er lernt nicht. Darum steckt man ihn als Bürolehrling zu einem Notar. Dort stellt er sich so dumm an, daß man ihn zu einem Graveur gibt. Statt zu arbeiten, verkriecht er sich mit einem Buch. »Ich las in der Kleiderkammer und vergaß ganze Stunden darüber. Mein Meister spionierte mir nach, überraschte mich, nahm meine Bücher fort. Wieviele Bände wurden zerrissen, verbrannt, zum Fenster hinausgeworfen.«

Als die Prügelpädagogik des Meisters massiver wird, flüchtet der 16jährige. Er vagabundiert umher und versucht sich als Taschenspieler, Gigolo und Hauslehrer durchzuschlagen. Er sucht Verständnis und Zuwendung, aber schon damals ist er so kauzig, daß er Türen, die sich ihm öffnen, hochmütig wieder zuschlägt. Er belügt Wohltäter und verleumdet Unschuldige. Von sexuellen Phantasien überreizt, streicht er durch dunkle Alleen, »wo ich mich Frauen und Mädchen in jenem Zustand zeigen konnte, in dem ich gerne bei ihnen gewesen wäre. Was sie dabei zu sehen bekamen, wirkte jedoch nicht aufreizend, sondern nur lächerlich. Aber das Vergnügen, es vor ihren Augen zur Schau zu stellen, war unbeschreiblich.«

Eines Tages wird der Exhibitionist von einer Schar besenstilbewaffneter Frauen gestellt, doch in höchster Not dank frommer Lügen von einem Geschlechtsgenossen gerettet. Er entflieht dem Ort der Schande und landet auf der Suche nach Trost bei einer jungen Dame, die gescheiterte Existenzen mit offenen Armen aufnimmt. Sie ist dreizehn Jahre älter als er, Witwe, vermögend und wird seine Ersatzmutter. Er lernt bei ihr Rechnungen und Geschäftsbriefe schreiben, Kräuter sortieren und Chemikalien destillieren. Er gefällt ihr. Sie will einen Priester aus ihm machen und steckt ihn ins theologische Seminar. Aber er ist zu faul. Die lateinische Grammatik ödet ihn an und die Disziplin des Unterrichts erfüllt ihn mit Schrecken. Sein einziges erkennbares Talent ist seine musikalische Begabung: »Der Ton seiner Stimme war von hinreißender Lieblichkeit, und sein Gesang hatte Ausdruck.«

Seine Beschützerin, die er zärtlich-respektvoll »Mama« nennt, läßt seinen Gesang ausbilden. Außerdem lernt er Flöte, Violoncello, Cembalo, Orgel und die Kunst des Dirigierens.

Das Verhältnis zu seiner »Mama« wird mit den Jahren enger. Sie wird ihm zur Schwester, dann zur Freundin und schließlich teilen sie nicht nur den Tisch, sondern auch das Bett miteinander: »Zum erstenmal fand ich mich in den Armen einer Frau, einer

Frau, die ich anbetete. War ich glücklich? Nein, ich empfand den Genuß. Ich weiß nicht, welche unbesiegbare Traurigkeit ihn mir vergiftete. Mir war, als hätte ich Blutschande begangen.«

Der Schock dauert nicht lange. Bald findet er Geschmack am zarten Bettspiel. Seine Partnerin unterstützt ihn nach Kräften, ein nützliches Glied der Gesellschaft zu werden. Nachts dringt er in die Geheimnisse der Liebe ein, tagsüber studiert er Locke, Leibniz, Descartes und Voltaire, büffelt Mathematik, Botanik, Geschichte und Geographie und lernt tatsächlich doch noch Latein. Glücklich glaubt er Heimat, Mutter, Frau und Beruf gefunden zu haben. Doch als er von einer längeren Reise zurückkehrt, wird ihm die Süße der wilden Ehe zur Hölle. »Mama« stellt ihm einen großen Blonden vor und erklärt, daß man die Wonnen der Liebe nun zu dritt teilen werde. Erschüttert flieht er den Ort der Sünde.

»Ich kam in Paris im Herbst ... an mit 15 Louisdor in bar, mit meiner Komödie »Narziß« und meinem Musikprojekt als einzigen Hilfsmitteln.« Er hält sich mit Musikstundengeben über Wasser und findet sogar einen Verleger für sein erstes Opus »Abhandlung über die moderne Musik«. Eifrig knüpft er Kontakte zur Damenwelt und arbeitet an seiner Oper mit dem tiefsinnigen Titel »Die galanten Damen«. Er hat Glück. Ein Herzog verschafft ihm die Chance, ein musikalisches Festspiel aus der Feder zweier berühmter Zeitgenossen umzugestalten. Die Stars haben keine Lust, sich mit der Neufassung fürs breite Publikum abzuquälen. Der junge Künstler macht sich ans Werk. Das Stück wird ein Erfolg – aber sein Name wird nirgends erwähnt. Der Ärger wirft ihn ins Bett: »Sechs Wochen lang war ich nicht in der Lage, das Haus zu verlassen.«

Nachdem er den Ärger ausgeschwitzt hat, streunt er durch die Salons, um in der großen Welt Karriere zu machen. Jedes Mittel ist ihm recht. Er schmeichelt, heuchelt und drückt gefühlvollen reichen Damen mit rührseligen Geschichten über seine Jugend auf die Tränendrüsen. Bald ist er in den Künstlercafés und der Musikszene eine bekannte Figur. Er freundet sich mit jungen Intellektuellen an und verknallt sich in ein Zimmermädchen, das nicht bis drei zählen kann. Tatsächlich kann die 22jährige weder richtig lesen noch schreiben, sich nicht die Reihenfolge der Monate merken, Geld nicht zusammenzählen, und wie sein Name korrekt geschrieben wird, bleibt ihr auch noch nach Jahrzehnten ein Mysterium. Aber er will sie und sonst keine. Allerdings: »Ich sagte ihr im voraus, daß ich sie niemals verlassen, aber auch niemals heiraten würde.«

Er versucht, sie ein wenig zu bilden. Verlorene Liebesmüh. Er gibt es auf und begnügt sich mit ihren anderen Qualitäten: »Unsere süße Gemeinschaft ersetzte mir alles andere: Die Zukunft kümmerte mich nicht mehr.« Ein paar Monate später drücken ihm die süßen Schmusestunden schwer auf den Magen. Seine Gespielin ist schwanger. Der werdende Vater gerät in Panik: »Ich verdiene mein Brot von einem Tag zum andern mühevoll genug. Wie könnte ich eine Familie ernähren ... Ich müßte mich um irgendeinen untergeordneten Posten bewerben! Kurz, ich müßte all die Schändlichkeiten begehen, die ich verabscheue ...«

Um nicht Opfer dieser Schändlichkeiten zu werden, beschließt der Weltverbesserer, sein Kind ins Findelhaus zu geben. Zielstrebig setzt er die Ungeheuerlichkeit bei der jungen Mutter durch: »Nur nach undenklichen Mühen gelang es mir, sie zur Annahme dieses einzigen Mittels zu bewegen, das ihre Ehre retten konnte.«

Auf diese bequeme Weise rettet er insgesamt fünfmal ihre Ehre. Seine Brutalität kompensiert der Gefühlsmensch in einem verständnisinnigen Werk über kindgerechte Erziehung, das zu einem gefeierten Standardwerk der Pädagogik wird. Dort predigt er: »Wer die Pflichten eines Vaters nicht erfüllen kann, hat nicht das Recht, es zu werden.«

Lästiger Sorgepflichten ledig, macht er beruflich einen steilen Aufstieg. Als Komponist wird er über Nacht mit einer Oper berühmt, die er in ein paar Wochen hingeworfen hat. Die Kulturschickeria ist von seinem Rustikalsound begeistert. Musenfreunde drücken ihre Bewunderung in klingender Geldüberweisung aus. Er hat es geschafft: Seine Majestät laden das Naturtalent zur Audienz ein. Der Posten eines Hofkomponisten ist zum Greifen nahe.

Er hat eine schlaflose Nacht und am Morgen weiche Knie. Aus Furcht, daß ihn seine schwache Blase vor dem König in Stich lassen könnte, bleibt er sicherheitshalber im Bett. Majestät ist indigniert, die einzigartige Chance vertan.

Nach dem verpatzten Eintritt in die ersehnte große Welt wird er zum Kulturverächter. Er zieht sich beleidigt in die Natur zurück. Dort spielt er den selbstgenügsamen Eremiten. Und damit man ihn ja nicht übersieht, hüllt er sich in ein orientalisches Theaterkostüm, bestehend aus einem seidenen Kaftan, langem Überrock, buntem Gürtel und bärenfelliger Kosakenmütze. Dergestalt zum Waldschrat gestylt, läßt er sich von gelangweilten reichen Städtern bewundern. Unter dem Vorwand, sich von ihm Noten kopieren lassen zu wollen, strömen sie in Scharen. Das ist ihre Eintrittskarte. Der Eremitendarsteller hat lauthals verkündet, bescheiden von seiner Hände Arbeit leben zu wollen. Ein Geniestreich, der ihn populär und sich herrlich bezahlt macht. Denn die Marotte verwandelt seine Notenblätter in wertvolle Kunstwerke.

Gönner und Fans nutzt er schamlos aus, und durch Verleumdungen und Ehrabschneiderei macht er sich selbst geduldigste Freunde zu Feinden. Ein sanftes Genie, das ihm die Mitarbeit an einem Jahrhundertwerk ermöglichte, stöhnt: Er »ist eine wilde Bestie, die man nur mit einem Stock und hinter Gitterstäben berühren darf«. Und ein anderer, der ihm in Zeiten der Verfolgung und Not half, wo er konnte, meint resignierend: »Ein Arzt müßte an (ihm) eine Bluttransfusion vornehmen, sein jetziges Blut ist eine Komposition aus Vitriol und Arsenik. Ich halte ihn für einen der unglücklichsten Menschen, weil er einer der bösartigsten ist.«

Wer war der komische Kauz, dessen unglückliches Schicksal ein Zeitgenosse so deutete: »Ich glaube, (er) hat seinen Beruf verfehlt. Er war ohne Zweifel dazu geboren, ein großer Klosterbruder zu werden, ein Pater der Wüste, berühmt durch seine Sittenstrenge und seine Selbstquälereien, ein Säulenheiliger. Er würde Wunder getan haben, wäre ein Heiliger geworden und hätte das ungeheure Märtyrerverzeichnis vergrößert. Aber jetzt wird man ihn nur als einen komischen Philosophen ansehen, der nach 2000 Jahren die Sekte des Diogenes erneuert.«

10 5 1 14   10 1 3 17 21 5 19   18 15 21 19 19 5 1 21
AGAB-AGGH

6

Von unvergänglicher Schönheit

Die Gesuchte, ein wahres Bild von einer Frau, ist italienischer Herkunft. Sie ist jedoch meistens in Paris. Es ist ihr Schicksal, ständig eingesperrt zu sein. Reisen kann sie nur unter strengsten Sicherheitsvorkehrungen. Bei ihrem Besuch in Japan wird sie besser bewacht als mancher Politiker oder Schwerverbrecher. Ihre Schönheit ist so hinreißend, daß König Franz I. 4000 Goldtaler springen läßt, nur um sich täglich an ihr ergötzen zu können. Später beglückt sie Ludwig XIII., und Napoleon ist derart vernarrt in sie, daß er sie mit in sein Schlafzimmer nimmt. Am 21. August 1911 wird die Vielgeliebte geraubt. Über ein Jahr bleibt sie verschollen. Sie ist in der Hand eines italienischen Bühnenarbeiters, der es aber irgendwann satt hat, die prominente Dame unter seinem Bett zu verstecken. Er läßt sie freiwillig nach Paris zurückkehren. Hier ist sie, trotz ihres hohen Alters, stets von einer Schar Bewunderer umringt. Das tägliche Angestarrtwerden scheint sie nicht zu stören, denn noch immer hat sie ihr unvergleichlich kokettes Lächeln auf den Lippen.

Wer kennt die legendäre Schönheit?

13 15 14 1   12 9 19 1

7

Ein Kerl wie ein Gott, boshaft wie der Teufel

Die katholisch-christliche Mystik läßt sein Herz höher schlagen: »Ich habe eigentlich immer eine Vorliebe für den Katholizismus gehabt, die aus meiner Jugend herstammt und mir durch die Liebenswürdigkeit katholischer Geistlicher eingeflößt ist.«

Jemand, der ihn gut kennt, hält das für fromme Heuchelei: »Christentum, Religion überhaupt, ist ihm nicht bloß ein Greuel, es ist ihm ein *Ekel.*« Zwiespältigkeit herrscht nicht nur in seiner Religiosität, sie wohnt von Kindheit an in seiner Seele. Er gehört nirgends so ganz dazu. Darum wirkt er auf seine Umwelt anziehend und stößt zugleich ab. Er ist immens begabt, aber er haßt jeden Zwang. Um sich an seiner Lehrerin zu rächen, füllt der Abc-Schütze ihre Schnupftabakdose mit Sand. Als sie den kleinen Übeltäter dafür mit der Birkenrute grün und blau schlägt und kreischt: »Warum hast du dies getan?« antwortet er höhnisch: »Weil ich dich hasse . . . «

Dieser Ausspruch des 6jährigen könnte als Motto über vielen Texten des später Berühmt-Berüchtigten stehen. Wenn er etwas nicht will, tut er es nicht. Seine Mutter, eine feine Dame, wünscht, daß er die Musen mit der Geige betören soll. Er bekommt einen Musiklehrer. Als sie nach einem Jahr Musikunterricht im Garten spazierengeht, hört sie wunderbarschmelzende Töne aus dem Fenster strömen. Begeistert will sie Schüler und Lehrer ihre Anerkennung aussprechen. Als sie ins Zimmer tritt, räkelt sich ihr Sohn auf dem Sofa, der Lehrer spielt zur Unterhaltung des Schülers. Auf diese Weise haben beide ein Jahr verbumfiedelt. Der Sohn ruft der fassungslosen Mutter zu: »Schade, daß du mich störst, die Töne der Musik kamen meiner Idee zu Hilfe, ich war eben im Begriff, ein schönes Lied zu dichten.«

Nach diesem Flop will ihm die Mutter auf andere Weise Lebensart beibringen. Er soll tanzen lernen, damit er in Gesellschaft eine bessere Figur macht. Der Tanzlehrer quält ihn mit fein abgezirkelten Schrittübungen, bis dem Halbstarken der Kragen platzt. »Die Spannung zwischen Lehrer und Schüler wurde immer größer, bis der gereizte Junge den leichten Tanzmeister aus dem Fenster warf. Der fiel weich auf einen Misthaufen; die Eltern des rabiaten Zöglings hatten das Schmerzensgeld zu zahlen.«

Der Brutalo wird zur Besserung in die Handelsschule gesteckt. Hier wird er mit Englisch, Geographie, Buchhaltung für den Ernst des Lebens abgerichtet und dann als Volontär in einer Bank untergebracht. Nach drei Wochen – er weiß inzwischen wie man Wechsel ausstellt – taucht er in den Gewölben eines Feinkostgeschäftes unter. Hier soll er lernen, wie Muskatnüsse aussehen und wo der Pfeffer wächst. Doch der berühmte Kaufherr, bei dem er die

Millionärslaufbahn erlernen soll, hält ihn für eine völlige Niete. Nach zwei Monaten Rechnungsschreiben hat der junge Mann von den Gerüchen des Kellergewölbes die Nase voll. Er fährt heim zur Mutter. Sein erster Ausflug in den Ernst des Lebens ist eine Pleite. Später, als Habenichts, grämt er sich: »Gott weiß, ich wäre gern Bankier geworden, es war zuweilen mein Lieblingswunsch, ich konnte es aber nicht dazu bringen. Ich habe früh eingesehen, daß den Bankiers einmal die Weltherrschaft anheimfalle.«

Was jetzt? Ein reicher Onkel gibt ihm großzügig Geld zum Aufbau eines eigenen Importgeschäfts. Nach vierundzwanzig Monaten kreist der Pleitegeier über dem Jungunternehmer. Nun ist der Onkel bereit, dem glücklosen Neffen ein Jurastudium zu finanzieren. Wenn es nicht zum Geschäftsmann reicht, soll er wenigstens Anwalt werden. Auch das klappt nicht. Später stöhnt der Onkel über den Nichtsnutz: »Wenn der dumme Junge was gelernt hätte, brauchte er nicht zu schreiben Bücher.« Worauf der Versager hochmütig räsoniert: »Das Beste, was an Ihnen ist, besteht darin, daß Sie meinen Namen tragen.«

Er verabschiedet sich, um mit Onkels Silbertalern ein lustiges Studentenleben zu beginnen. Weil er kein Abgangszeugnis vom Gymnasium besitzt, muß er eine Art Begabten-Sonderprüfung machen. Er schafft es mit Ach und Krach, obwohl die Kommission nicht gerade entzückt ist: »Griechisch hat er nicht gelernt. Im Lateinischen ist er von unsicherer Kenntnis und zu geringer Übung, weshalb er auch keinen Aufsatz geliefert hat. Zu einer Prüfung in Mathematik hat er sich nicht verstanden. In der Geschichte ist er nicht ohne alle Kenntnisse. Seine deutsche Arbeit, wiewohl auf wunderliche Weise verfaßt, beweist ein gutes Bestreben.« Das Thema des Deutschaufsatzes hieß: »Die Gründe, worauf es für die Entscheidung für einen bestimmten Beruf wesentlich ankommt.«

Seine Begründung ist so erstaunlich, daß die Prüfungsmitglieder entweder Spaßvögel oder gutmütige Biedermänner gewesen sein müssen: »Die Wissenschaften, welche in diesen Hörsälen gelehrt werden, bedürfen vor allem der Schreibbänke; denn diese sind die Stützen, die Träger und Grundlagen der Weisheit, welche vom Munde der Lehrer ausgeht, und von den andächtigen Schülern in die Hefte übertragen wird. Dann sind aber auch die Schreibbänke gleichsam Gedenktafeln für unsere Namen, wenn wir diese mit dem Federmesser hineinschneiden, um künftigen Generationen die Spur unseres Daseins zu hinterlassen.«

Er wird Mitglied einer schlagenden Verbindung. Er entdeckt Shakespeare, Calderón und die soeben aus dem Dornröschenschlaf erweckte Minnepoesie des Mittelalters. Er schwärmt für Ritterromantik, aber immer mit einem Schuß nüchterner Banalität: »Wir tranken Deutschlands Wohl aus Rheinweinkrügen, wir sahn den Burggeist auf dem Turme lauern ... Doch leider brachte ich den Schnupfen und den Husten mit nach Hause.«

Der immer Unstete wechselt nach zwei Semestern die Universität: »Die Stadt selbst ist schön, und gefällt einem am besten, wenn man sie mit dem Rücken ansieht.«

Er muß sie nicht lange betrachten. Der aggressive junge Herr mit den blitzblauen Augen hat sich beim Mittagessen im »Englischen Hof« mit einem Kommilitonen in Hitze geredet. Man springt auf. Verleumdungen und Beleidigungen vergiften die Atmosphäre. Unsere Lästerzunge fordert den Zechbruder zum Pistolenduell. Der Prorektor der Universität bekommt Wind von der Sache. Es kommt zu einem Disziplinarverfahren. Der verhinderte Revolverheld wird gefeuert. Er wechselt die Universität. In der Hauptstadt will er sein Glück machen. Wieder ist er im Zwiespalt: »Hier ist es schwer, Geister zu sehen. Die Stadt enthält so wenig Altertümlichkeit und ist so neu; und doch ist dieses Neue schon so alt, so welk und abgestorben.«

Trotzdem gefällt ihm das großstädtische Leben. Die Tristesse wird belebt von Bällen, Theatern, Konzerten, es gibt literarische Tees, ästhetische Diners, Skandale und Sensationen. Im Salon einer literarischen Dame spielt er den jungen Löwen. Er saust durch Weinstuben, Theater, Vorlesungen. Er versteht es, sich beliebt zu machen. Sowohl bei Damen, als auch bei weltberühmten Professoren. Aber hinter der sympathischen Maske lauert ein anderer. Jemand, der sich zu kurz gekommen fühlt. Er ist neidisch auf die Sicherheit der Etablierten. Und etabliert ist man hier eigentlich nur, wenn man Protestant ist. Das ist die Basis für alle gesellschaftlichen Höhenflüge. Das erkennt er mit seinem analytischen Blick.

Gleichzeitig macht er sich tiefschürfende Gedanken über die Zukunft des Christentums: »Dieser endliche Sturz des Christentums wird mir täglich einleuchtender. Lange genug hat sich diese faule Idee gehalten. Ich nenne das Christentum eine Idee, aber welche! Es gibt schmutzige Ideenfamilien, die in den Ritzen dieser Welt, der verlassenen Bettstelle des göttlichen Geistes, sich einnisten, wie Wanzenfamilien sich einnisten in der Bettstelle eines polnischen Juden. Zertritt man eine dieser Ideen-Wanzen, so läßt sie einen Gestank zurück, der jahrtausendlang riechbar ist. Eine solche ist das Christentum . . . «

Er wird Protestant. Er arbeitet hart. Mit achtundzwanzig promoviert er.

Nebenher schreibt er Dramen, versucht sich als Reisejournalist und reimt Herz-Schmerz-Gedichte. Die lyrischen Liebesleiden fallen bei einsamen jungen Mädchen auf fruchtbaren Boden, in Bohemezirkeln bilden sie Stoff für gepfefferte Witze und Parodien: »Den Gärtner nährt sein Spaten, den Bettler sein lahmes Bein, den Wechsler seine Dukaten, mich meine Liebespein. Drum bin ich dir sehr verbunden, mein Kind, für dein treulos Herz, viel Gold hab ich gefunden, und Ruhm im Liebesschmerz. Nun sing ich bei nächtger Lampe den Jammer, der mich traf. Er kommt bei Hoffmann und Campe heraus in Klein-Oktav.«

Er ist sauer, seine Eitelkeit gekränkt. Und er muß doch von etwas leben. Er versucht, sich an der Universität zu habilitieren. Daraus wird nichts. Er will Anwalt werden. Er schafft's nicht. Er spekuliert auf eine Syndikusstelle beim Hamburger Senat. Man will ihn nicht. Er wird Redakteur. Das hält er nicht aus. Ein Bekannter weiß warum: »In seinem Wesen lag etwas Zugvogelartiges. Er war ein Vagant, der seßhaft werden wollte, weil er auch ein Bürger war.«

Der Gatte seiner poetischen Salondame durchschaut das Gesetz dieser Fehlschläge: »Glauben Sie, man wird Geschäftsmann, ein Bürger in Amt und Zutrauen, gleich mit einem Sprung? Überhaupt haben Sie es durch Ihr ganzes bisheriges Leben wohl am wenigsten darauf angelegt, im Staatsdienst Ihre Bahn zu finden.«

Was soll werden? Er steht buchstäblich vor dem Nichts. Da bietet sich dem Verzweifelten eine einmalige Chance. Ein kunstbegeisterter König richtet einen Lehrstuhl für Poesie ein. Ein junger Dichter soll ihn bekommen. Ein junger Dichter bekommt ihn auch – aber nicht er. Er ist verbittert: »Alles Deutsche wirkt auf mich wie Brechpulver. Die deutsche Sprache zerreißt meine Ohren.«

Er spukt Gift und Galle. Er haßt sie, die Etablierten, Reichen, Erfolgreichen. Und besonders den Konkurrenten, den, der ihm die Professur vor der Nase weggeschnappt hat. Es ging um seine Existenz. Also muß er sich an dem Rivalen rächen.

Allen Haß auf die Gesellschaft schüttet er über den Berühmten aus. Es ist ein perfekt geplanter und eiskalt durchgeführter Rufmord. Gnadenlos zielt er auf die empfindlichste Stelle des Opfers, dessen homosexuelle Veranlagung: »In der Tat, er ist mehr ein Mann von Steiß als von Kopf. Der Name Mann überhaupt paßt nicht für ihn, er ist ein Weib, das sich an gleich Weibischem ergötzt.«

Diese degoutanten Ausfälle verbessern seine Chancen nicht. Kultivierte Kreise sind ihm plötzlich verschlossen, und auch politisch sieht es für Leute mit aggressivem Stil nicht gut aus. Jede Nacht träumt er, er reise ins Mekka der Freiheit. Er läßt den Traum Wirklichkeit werden. Auf die Pariser Intellektuellen wirkt er mit seiner groben Gesundheit und seinem schweren Blondhaar wie ein germanischer Apoll: »Er ist ein Kerl wie ein Gott, boshaft wie der Teufel, und dabei gutmütig, was man dagegen auch sagen mag.«

Hier findet er seinen wahren Beruf. Er wird zum ersten europäischen Journalisten. Mit stechend scharfen Analysen entwirft er Zukunftsvisionen:

»Der zweite Akt ist die europäische, die Weltrevolution, der große Zweikampf der Besitzlosen, und da wird weder von Nationalität noch von Religion die Rede sein: nur ein Vaterland wird es geben, nämlich die Erde, und nur einen Glauben, nämlich das Glück auf Erden ... «

In Kampfpausen pflegt er weiterhin seinen poetischen Blumengarten: »Frau Wirtin hatte einen Knab', der pflückt von seiner Mutter Grab im mondbeglänzten Haine das blaue Blümlein wundersam wohl für Feinsliebchens Schreine.«

Der solch liebliche Stimmungsbilder verfaßt, wird als höchst gefährlich eingeschätzt: »Sollte einmal eine politische Revolution eintreten, so würde (er) eine zwar kurze, aber für ihn und die Welt höchst verderbliche Rolle spielen. Er wäre wie alle schwachen Menschen der blutigsten Grausamkeiten fähig.«

Gottlob kommt es nicht dazu. Aber daß die Beurteilung seines Charakters trifft, beweisen seine mörderischen Pamphlete. So zieht er zum Beispiel kurz nach dem Tod jenes Exfreundes, der ihn ganz richtig einschätzte, mit übelsten Bemerkungen über dessen Freunde, einen Kaufmann und die Ehefrau des Kaufmanns her.

Genüßlich kolportiert er ein ehemaliges Dreiecksverhältnis dieser Menschen, wobei er die Namen voll ausschreibt: »Es hieß, der junge Gatte habe die Frau nur deshalb geheiratet, um mit B ... in nähere Berührung zu kommen, er habe sich ausbedungen, daß zwischen beiden das frühere Verhältnis unverändert fortwalte. Wie man mir sagt, spielte er im Hause nur die dienende Person, verrichtete die roheren Geschäfte und war ein nützlicher Laufbursche für B ..., mit dessen Ruhm er hausieren ging ... «

Wieder einer seiner beliebten Hiebe unter die Gürtellinie. Die Indiskretion bringt den öffentlich entwürdigten Ehemann auf die Palme. Er beschimpft den Ehrabschneider auf offener Straße. Der macht sich nur darüber lustig und verreist. Der verbitterte Ehemann behauptet, der Schmierfink habe aus Angst vor einem Duell das Weite gesucht. Als unser Held davon erfährt, kehrt er zurück und fordert den beleidigten Kaufmann zum Duell. Man einigt sich auf Pistolen. Die Entfernung beträgt dreißig Schritt. Der Kaufmann hat den ersten Schuß. Er zielt und schießt. Die Kugel streift die Hüfte des Herausforderers, der nun selbst an der Reihe ist. Er hebt die Pistole – und feuert in die Luft. Dann greift er an die Hüfte und zieht sein Portemonnaie aus der Tasche. Das Geschoß des Gegners ist deutlich daran abgeprallt. Er lacht und ruft: »Das nennt man gut angelegtes Geld!«

Der eigentliche Sieger dieses Duells ist seine Geliebte, mit der er in wilder Ehe lebt. Bevor er kühn in den Kampf zog, hat er ihren Herzenswunsch erfüllt und sie geheiratet: »Dieses eheliche Duell, welches nicht früher aufhören wird, bis einer von uns getötet wird, ist gewiß gefährlicher als der kurze Holmgang . . . «

Es endet fünfzehn Jahre später mit seinem Tod, den er acht Jahre in seiner »Matratzengruft« erwartet.

Friedrich Engels ist vom Anblick des Kranken erschüttert: »Der arme Teufel ist scheußlich auf dem Hund. Er ist mager geworden wie ein Gerippe. Sonst bei voller geistiger Energie, aber sein Aussehen, durch einen ergrauenden Bart noch kurioser gemacht, reicht hin, um jeden, der ihn sieht, höchst trauerklötig zu stimmen. Es macht einen höchst fatalen Eindruck, so einen famosen Kerl so Stück für Stück absterben zu sehen.«

Wer war die Lästerzunge, die für ihre Bosheiten so entsetzlich büßen mußte?

8 5 9 14 18 9 3 8 8 5 9 14 5
AGIG-AHEF

8

Süchtig nach bedeutenden Männern

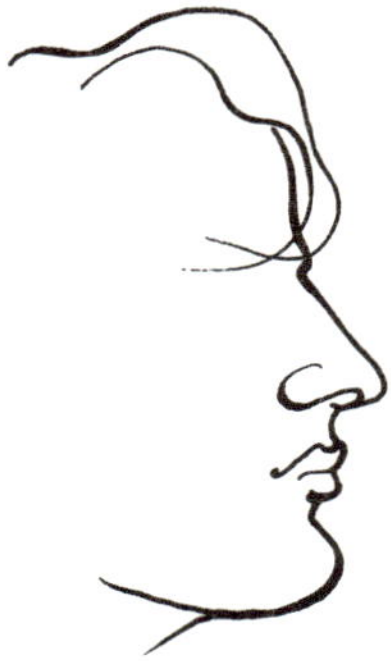

Die künstlerische Begabung eines Mannes wirkt auf sie ebenso anziehend wie auf manche Frauen das Geld. Mit 47 schreibt sie in ihr Tagebuch: »Was wißt ihr Erdentrottel von meinen ungeheuren Glücken, die ich mir herbei-imaginiere ... teils durch Liebesrausch ... teils durch Musikrausch ... teils durch Weinrausch ..., starke Religiosität ... Was wißt Ihr Erdentrottel von meinen Glückseligkeiten ... Mit eisernen Krallen erkralle ich mir mein Nest ... Jedes Genie ist mir gerade der rechte Strohhalm ... als Beute für mein Nest!«

Im Laufe der verstrichenen 25 Jahre ist ihre Beute tatsächlich beachtlich: Leute der Szene, darunter mächtige Finanzmagnaten, hohe Politiker, dubiose Künstler und sensible Musensöhne hat sie zur Auspolsterung ihres Nestes herangelockt. Eine richtige bürgerlich-biedere Hochzeit feiert sie zum erstenmal mit 21. Der Gemahl, ein erfolgreicher Künstler, stirbt früh – vielleicht zu seinem und zu ihrem Glück. Denn der Großteil seiner Lebenskraft geht in sein

Werk. Jedenfalls ist sie mit seinen sexuellen Qualitäten nicht sonderlich zufrieden: »Er war ein Zölibatär und fürchtete das Weib; seine Angst, ›heruntergezogen‹ zu werden, war grenzenlos, und so mied er das Leben . . . , also das Weibliche.«

Kaum hat er der Welt entsagt, sucht sie sich einen sehr viel jüngeren, kräftigeren Ersatzmann, der leider auch nicht 100prozentig ideal ist: »Schön angelegt als Gestalt, stört etwas in der Struktur. Er ist groß und schlank, aber seine Hände sind rot und schwellen oft an.« Auch hat sie schrecklich unter Eifersucht zu leiden: »Er beleidigte alle meine Besucher und lauerte mir überall auf. Die Kleider mußten an Hals und Arm geschlossen sein; mit gekreuzten Beinen durfte ich nicht sitzen . . . « Als sie ihn nicht mehr in ihr Bett läßt, läßt er aus Liebeskummer eine originalgetreue Puppe der Unerreichbaren anfertigen. Sie fühlt sich indes gar nicht geschmeichelt: »Endlich hatte er mich da, wo er mich immer haben wollte: ein gefügiges, willenloses Werkzeug in seiner Hand.«

Nun, das sucht sie eigentlich selbst. Nach dieser wilden Ehe probiert sie das Lebensglück mit einem anderen Genialen aus. Wieder ist sie unzufrieden und läßt sich scheiden, nachdem sie einem weiteren »genialen Kerl« – fast 10 Jahre jünger als sie – den Kopf verdreht hat.

Obwohl sie die Ehe eigentlich als eine »vom Staat sanktionierte Tyrannei« empfindet, tritt sie mutig vor den Traualtar. Und nun hat sie den gefunden, den sie so lange gesucht hat: ein wunderbares Werkzeug ihrer Launen. Er steht vollkommen unter ihrem Pantoffel. Wenn sie verreist, flüchtet er zu seinen alten Freunden ins Kaffeehaus. Dort darf er zechen und nach Herzenslust rauchen. Daran soll er auch ihrer

Meinung nach gestorben sein. Nach dem Ableben ihres letzten Gatten heißt sie bei respektlosen Zeitgenossen nur »die Witwe der vier Künste«. Gealtert, bemüht sich die femme fatale, ihr Bild zu schönen: Sie frisiert ihre Lebenserinnerungen und fälscht nachträglich Tagebücher. Einsam und juwelenbehängt wurde sie zuletzt 1964 in New York gesehen. Wer kennt die Dame?

1 12 13 1 13 1 8 12 5 18 23 5 18 6 5 12
AHGI-AIFD

9

Der dicke Meister der schlanken Feder

Als junger Mann ist er von erlesener Schönheit. Mit seiner schlanken Figur, dem weichen, bis auf die Schulter wallendem Blondhaar, seinen lebhaften Gesichtszügen, übt er nicht nur auf Frauen betörenden Zauber aus: »Seine Augen sind von auffallender Zartheit, weite Kinderaugen, blau, klar und gut, beschattet von sehr langen goldenen Wimpern.« Diese natürliche Schönheit versteht der wohlproportionierte, 1,81 m große junge Mann durch sorgsam komponierte Kleidung zu unterstreichen. Für die Leute seiner Stadt ist er nur der »Herr in Rot« ... »ein hünenhafter Mann mit ... einem Schnurrbart wie ein mongolischer Krieger, sehr herausgeputzt, mit wunderschöner Wäsche ..., der mit funkelnden Lackstiefeln knarrend über die Wiesen läuft ...«

Als Sohn aus gutem, also wohlhabendem Hause, kann er sich nahezu jede Extravaganz leisten. Kein Wunder, daß seine exotisch-kostümierte Erscheinung bald lüsterne Blicke auf sich zieht. Ein Freund notiert in sein Tagebuch: »Vor dem Kaminfeuer erzählt er uns seine erste Liebe. Er fuhr nach Korsika, hatte lediglich die Unschuld mit dem Zimmermädchen seiner Mutter verloren.« In einem Hotel in Marseille trifft er eine Frau in einem wunderbaren Morgenrock aus schwerer Seide. »Eines Morgens, als er eben von einem Bad im Meer zurückkehrte, voll frischen Lebens aus diesem Jungbrunnen, zog es ihn zu der Frau ins Zimmer, einer prachtvollen Frau von fünfunddreißig Jahren. Er verpaßt ihr einen jener Küsse, in die man seine ganze Seele legt. Am Abend kam die Frau in sein Zimmer und begann ihn zu lutschen. Es wurde ein himmlische Vögelei daraus, dann gab es Tränen, dann Briefe und dann nichts mehr.«

Immer wieder treibt ihn die Sehnsucht nach Marseille zurück, aber niemand kann ihm sagen, was aus der Frau geworden ist.

»Wann immer er dort vorbeikam, suchte er das Haus wieder auf. Das letzte Mal ... konnte er es nicht mehr finden. Er schaut sich um, er sucht und entdeckt, daß es ein Spielzeugladen geworden ist. Im ersten Stock gibt es einen Perückenmacher: er steigt hinauf, läßt sich rasieren und erkennt die Tapete des Zimmers wieder.«

Diese flüchtige Begegnung wird zur wichtigsten Liebe seines Lebens. Immer wieder erinnert er sich mit Wehmut: »Die Sehnsucht nach einer Frau ist schrecklicher und tausendmal schlimmer, wenn man sie besessen hat ... nur sie habe ich überall gesucht; im Bett der anderen habe ich von ihren Liebkosungen geträumt. Die Frau, nach der ein Mann nie aufhört zu suchen, ist vielleicht nur die Erinnerung an eine Geliebte, die aus dem Himmel stammt ...«

Solch poetisch-zarte Betrachtungen sind für das Lese-Publikum bestimmt. Sein erotischer Alltag findet im Rotlicht-Revier der niederen Minne statt: »Als ich jung war, bin ich dermaßen eitel gewesen, daß ich in dem Bordell, das ich mit meinen Freunden besuchte, immer die Häßlichste wählte und darauf bestand, sie vor aller Augen zu vögeln, ohne von meiner Zigarre zu lassen. Es bereitete mir nicht das geringste Vergnügen, es war reine Spiegelfechterei.«

Diese sexuelle Kraftprotzerei steht im seltsamen Kontrast zum feinsinnigen Stil seiner Briefe. Entspringt seine Art, sich ungeschlacht und obszön auszudrücken, seiner großen Schüchternheit? In Paris, wohin ihn der Vater zum juristischen Studium schickt, verkriecht er sich in sein Zimmer. Er haßt die Stadt. Das hektische Leben macht ihn nervös. Das bleibt Freunden nicht verborgen: »Im Grunde ist er provinziell, ein Effekthascher ... Sein Geist ist plump und teigig wie sein Leib. Erlesene Dinge scheinen ihn kalt zu lassen. Empfänglich ist er vor allem für Phrasendrescherei. Im Gespräch ist er ziemlich einfallslos, und seine Gedanken trägt er laut und feierlich vor. Er hat den Geist und die Stimme eines Prunkredners.«

So oft es geht, flüchtet er aufs Land, wo sein Vater ein schloßartiges Landhaus besitzt. Dieser idyllische Ort wird sein Refugium, nachdem er aufgrund seltsamer, den Ärzten unerklärlichen Ohnmachtsanfällen das Studium abbricht. Ganze Monate verbirgt er sich in den blühenden Gärten, ohne auch nur einmal seinen Park zu verlassen. Er versteckt sich vor den Augen der Nachbarn, die ihn um so neugieriger beobachten: »Seine Mahlzeiten waren unmäßig; er schlang sie mit dem Heißhunger nervöser Leute hastig herunter. Er rauchte Tag und Nacht, pflegte schwer zu trinken, untertags zu schlafen, übermäßig heiße und lange Bäder zu nehmen.«

Aus dem eleganten jungen Mann wird ein obszöner Zyniker mit mächtigem Hängebauch und tiefen

Falten auf der Stirn. Eine »Kirsche in Spiritus«, wie sich ein jüngerer Freund lustig macht.

Durch den Tod seines Vaters wird der 25jährige Besitzer eines soliden Vermögens. Nun führt er das behäbige Leben saturierter Nichtstuer. Zur Behaglichkeit fehlt ihm nur noch eine unkomplizierte Geliebte. Diese findet er an einem schönen Junitag in der Gattin eines impotenten Preisträgers des Prix de Rome. Das Abenteuer berichtet er genüßlich seinen Freunden: »Er erzählt uns von seiner Vögelei mit der Colet, die sich abzeichnete, als er sie in der Droschke nach Hause geleitete; er schilderte sich als denjenigen, der ihr gegenüber die Rolle des Lebensüberdrüssigen einnahm, des Umdüsterten, der sich nach dem Tode sehnt, eine Rolle, die zu spielen ihn derart amüsierte und die ihn innerlich so belustigte, daß er von Zeit zu Zeit die Nase aus dem Wagenschlag hielt, um nach Herzenslust zu lachen.«

Die berühmte Salondame ist 13 Jahre älter als er, blond, groß, mollig und für ihn wunderbar bequem. Es ist eine Beziehung ohne Schwärmerei, ohne Hingabe, ohne Hörigkeit. Sie treffen sich in Paris und abgelegenen Gasthöfen auf dem Lande. Trotzdem entsteht aus dieser unkomplizierten sexuellen Beziehung mit der Zeit eine Intimität des Geistes. Der größte Teil seiner Briefe ist an diese Geliebte gerichtet. Sobald er am Schreibtisch sitzt, verwandelt sie sich in die Traumfrau seiner Jugend: »Ich habe auf dem Papier eine Fähigkeit zur Leidenschaft ... « Das Papier ist seine Lust und Qual. »Zehn Stunden arbeitet er pro Tag, wobei er aber viel Zeit vergeudet, sich in Lektüre verliert und immer bereit ist, um die Arbeit an seinem Werk herumzuscharwenzeln. Wenn er sich erst mittags an die Arbeit macht, ist er erst gegen fünf Uhr abends richtig drin.«

Bei solch masochistischer Arbeitsweise kommt er im Schneckentempo voran. Nach jahrelanger Quälerei ist endlich das erste Werk fertig, das in seinen Augen Gnade findet. Es ist die dritte Fassung. Erlöst und zufrieden lädt er seine beiden engsten Freunde zur Vorlesung ein. Er will ihre ehrliche Kritik hören. »Er stellte ihnen die Bedingung, daß sie ihn während der Lesung an keiner Stelle unterbrechen sollten. Dann las er. Er las vier Tage lang, acht Stunden am Tag, vor seinen Freunden, die sich an die Abmachung hielten.«

Am Ende des vierten Tages sind die Freunde fix und fertig. Sie erklären die Frucht jahrelanger Mühen für abscheulich und empfehlen, die entnervende Story in den Ofen zu stecken. Als er stumm resigniert, raten sie ihm zum Trost, es mit einem simpleren Stoff zu versuchen. Zum Beispiel mit einer pikanten Geschichte über einen betrogenen Ehemann, dessen Frau sich selbstmördert. Er nimmt sich den Rat zu Herzen. Eine Ehebruchsgeschichte mit schaurig-schönen Abenteuern kann er sich, seine Mätresse vor Augen, lebhaft vorstellen. Ächzend macht er sich ans Werk und vollbringt, dem abgeschmackten Stoff zum Trotz, Wunder sprachlicher Sensibilität und Schönheit: »Und ihre Gedanken umarmten sich wie liebende Herzen.«

Auch der neue Roman wird ein Kampf mit dem weißen Papier. Unter Winden und Stöhnen schwitzt er buchstäblich Wortbilder von glänzender Präzision hervor. Er weiß besser als jeder andere: »Die menschliche Sprache ist eine gesprungene Trommel; und wenn wir sie rühren, tanzen die Bären dazu, statt daß die Sterne weinen.«

Die empfindsame Seite seiner Seele wird aber nur sichtbar, wenn er sie in der Einsamkeit seines Arbeitszimmers heraufbeschwört und mit Tinte bannt. In Gesellschaft spielt er den Hanswurst und Zotenreißer: »Mit brennendem Gesicht, blökender Stimme, die aufgedunsenen Augen rollend, legt (er) los und behauptet, daß die Schönheit nicht erotisch sei, die schönen Frauen seien nicht dazu da, gevögelt zu werden, sie seien eher geeignet, Statuen zu inspirieren. Der Stoff der Liebe sei vielmehr jenes Unbekannte, das Erregung hervorrufe, was der Schönheit nur selten gelinge... Man macht sich über ihn lustig. Da sagt er, daß er noch nie mit einer Frau wirklich gevögelt habe, daß er jungfräulich sei, daß er aus allen Frauen, die er besaß, nur die Matratze einer anderen, erträumten Frau gemacht habe.«

Sechs Jahre lang schuftet er an seiner Ehebruchsstory. Das Hobeln und Feilen wird zur Selbsttortur: »Begreifen Sie den Schwachsinn dieser Arbeit, die darin besteht, die Assonanzen eines Satzes auszumerzen und die Wiederholungen auf einer Seite? Für wen? ... Zudem ist der Erfolg, der einem zuteil wird, selbst dann, wenn das Werk gelungen ist, niemals der, auf den man aus war. Es sind die possenhaften Seiten ..., denen sich ihr Erfolg verdankt.«

Der Erfolg ist tatsächlich enorm. Kaum ist das Buch auf dem Markt, fallen die Wächter der Moral darüber her: Kritiker vergleichen es mit einem Misthaufen, der Staatsanwalt schaltet sich ein. Der Skandal kurbelt den Verkauf an. Doch in den Chor der Geiferer und Moralprediger mischen sich unüberhörbar die Stimmen seiner Bewunderer: »Das Erscheinen (des Buches) war eine Umwälzung für die gesamte Literatur... Die neue Kunst hatte ihre Grammatik gefunden.«

Nach dem Prozeß, der mit Freispruch endet, zieht sich der Skandalautor noch mehr zurück. Er gleicht einer hübschen Spießbürgerkarikatur von Spitzweg: »Zu Hause machte er sich's behaglich, zog seinen Schlafrock, seine Mütze und die Pantoffeln an: zwar schnupfte er nicht mehr, rauchte aber unaufhörlich aus kurzen Pfeifchen aus glasiertem Ton, wie hausbackene Leute sie lieben. Nach dem Essen pflegte er lange bei Kaffee und Likör zu sitzen. In der ganzen Einrichtung kam nur der Eßtisch an die Größe des Schreibtischs heran. Nur einmal am Tag machte er sich Bewegung: wenn er zum Mittagessen ging.«

Der edle Märchenprinz von einst verwandelt sich langsam in einen fetten Frosch. Er wird immer aufgeblähter und immer trübsinniger. Seine Nichte und ihr Nichtsnutz von Mann prellen ihn um sein Vermögen. Seine Freunde sinken ins Grab. Die Armut nistet in den Zimmern seines Landsitzes. Die Hoffnung auf den Erfolg seiner Theaterstücke muß er begraben. Er bricht sich ein Bein. So schleppt er sich die letzten Jahre durchs Leben bis zum 8. Mai. »Der Morgen dieses Tages hatte für (ihn) angefangen wie immer. Da er während der Nachtstunden schwer gearbeitet hatte, stand er erst um halb elf Uhr auf. Wie gewöhnlich nahm er ein sehr heißes Bad, in dem er pfeiferauchend die Post zu lesen pflegte und oft nochmals einschlief.« Plötzlich wird ihm schwindlig. Er ruft das Dienstmädchen und klagt über ein beklemmendes Angstgefühl. Die Köchin läuft zum Arzt. Als dieser eintrifft, ist er bewußtlos. Sein Gesicht ist rot und aufgedunsen, der Puls kaum noch zu spüren. Da erlischt seine Pfeife, die beim Eintritt des Doktors noch geglüht hat. Kurz darauf verlischt auch das Lebenslicht des großen Unbekannten.

7 21 19 20 1 22 5   6 12 1 21 2 5 18 20
AHBA-AHH0

10

Das späte Glück eines Pechvogels

Es geht ihm wie Hans im Glück: er arbeitet unermüdlich und bringt zäh jede Arbeit zu Ende, aber sein Kapital wird immer weniger. Ständig ist er von Gläubigern umlagert. Mit 26 weiß er nicht mehr ein noch aus. Er ergreift die Flucht. Schmuggler bringen ihn, seine Frau und seinen geliebten Neufundländer auf ein Segelschiff, das ihn nach England bringen soll. Auf hoher See gerät das Schiff in einen Orkan, der die Flüchtlinge an die norwegische Küste verschlägt. Es ist Glück im Unglück. Die unheimliche Reise inspiriert ihn zu seinem populärsten Spektakel. Doch zunächst steht Fortunas Rad für ihn jahrelang still. Er lebt stets über seine Verhältnisse, macht Schulden und ist neidisch auf andere, die mehr Geld verdienen als er, obwohl sie nicht soviel zustande bringen. Eines Tages wird er radikaler Sozialist. Mit der Pistole in der Hand geht er auf die Barrikaden: »Ich will zerbrechen die Gewalt der Mächtigen, des Gesetzes und des Eigentums.« Er schlägt vor, die Ausbeuterklasse in die Luft zu sprengen. Kein Wunder, daß er wenig später steckbrieflich gesucht wird. Er flüchtet nach Zürich, von dort nach Venedig, Luzern, Brüssel, Paris und Wien.

Dort holt den Unglücksraben die alte Misere wieder ein. Gläubiger machen ihm das Leben schwer. Er macht sich unsichtbar und taucht in Stuttgart im Haus eines Freundes unter. Den Glauben an sich und seine magischen Künste verlierend, gibt es für ihn nur noch eine Hoffnung: »Ein gutes, wahrhaft hilfreiches Wunder muß mir begegnen, sonst ist's aus.« Kaum hat er diesen Zauberspruch getan, klopft das Wunder in Gestalt eines königlichen Sekretärs an die Tür. Der Bote des Glücks überreicht dem sprachlosen Bankrotteur einen Ring mit rotem Stein, das Porträt seines Bewunderers, sowie dessen Einladung, in sein Märchenreich zu kommen, um dort als Freund mit dem Musenfreund zu leben. Der Ex-Barrikadenkämpfer kann sein Glück kaum fassen: »Diese Tränen himmlischster Rührung sende ich Ihnen, um Ihnen zu sagen, daß nun die Wunder der Poesie wie eine göttliche Wirklichkeit in mein armes, liebebedürftiges Leben getreten sind!« Wenig später steht der eher zwergwüchsige 1,57 m große Glückspilz seinem 1,91 m hoch aufgeschossenem Beschützer gegenüber. Sie versinken stummvertraut Aug in Aug. Freundschaft auf den ersten Blick. Wonnetrunken stammelt der Gerettete: »Mein angebeteter, engelgleicher Freund! ... Du bist göttlich.« Der Göttliche läßt sich nicht lumpen. Er verschafft dem Bankrotteur ein herrschaftliches Stadthaus, eine Villa auf dem Land, ein stattliches Jahresgehalt und einen Sack Silbertaler für das Nötigste. Wenn das nicht Glück ist? Und Fortuna bleibt ihm treu bis ins Grab, in das er 1883 gesenkt wird. Wer war er Glückspilz?

18 9 3 8 1 18 4 23 1 7 14 5 18
AHAC-AHHC

11

Der Erfinder der Bartsteuer

Allein wegen seiner enormen Körpergröße von 2,04 m und seinen Bärenkräften ist der Mann eine Sensation. Mit bloßen Händen drückt er Metallbecher platt oder dreht Silberteller zu Klumpen. Mit 25 reist der Riese kreuz und quer durch Europa, um zu lernen. Lernen, das hält er für das Wichtigste im Leben. In Königsberg absolviert er einen vollständigen Kurs im Artilleriewesen, bei einem Schuster erlernt er die Geheimnisse der Stiefelerzeugung und nebenbei ein wenig Zahnmedizin. Seitdem fertigt er seine Stiefel selbst und zieht leidenden Mitmenschen kranke Zähne aus dem Kiefer.

In England überrascht er den Bischof von Salisbury mit ungewöhnlich feinen theologischen Kenntnissen und geradezu barbarischen Sitten: »Sein natürliches Ungestüm steigert er noch durch starken Alkoholkonsum ... An Fähigkeiten mangelt es ihm nicht, und er hat mehr Kenntnisse, als man es angesichts seiner Erziehung hätte erwarten können ... Es fehlt ihm jedoch an Urteilskraft, und seine labile Natur macht sich oft und zu offenkundig bemerkbar.«

Sein Hunger nach Wissen, sein Lerneifer, aber auch sein brutales Wesen sind Resultat einer vernachlässigten Erziehung und traumatischer Erlebnisse in seiner Kindheit. Mit dreieinhalb Jahren verliert er den Vater. Mit zehn erlebt er, wie zwei seiner Onkel und der Freund seines Vaters vor seinen Augen in Stücke gehackt werden.

Den Halbwüchsigen zieht es in die Vorstadt. Seiner vornehmen Mutter gefällt das Herumtreiben ihres Sprößlings mit dubiosen Ausländern gar nicht. Entsetzt hört sie von Trinkgelagen und Sexspielen mit jungen Mädchen. Kurzentschlossen sucht sie dem 16jährigen eine Ehefrau. Mit 18 ist er glücklicher Vater eines Sohnes und von der Ehe mehr als gelangweilt. Es treibt ihn zurück in die Vorstadt zu den aufregenden Ausländern.

Der Einfluß der andersgläubigen Fremden und sein verwerflicher Lebenswandel wird dem jungen Mann besonders in traditionalistischen Kreisen verübelt. Seine neumodischen Sitten sorgen für Aufregung. Besorgt um die alten Werte, nutzt die klerikalkonservative Opposition seine lange Bildungsreise durchs Ausland zur Rebellion. Als der aus Wien Herbeigeeilte eintrifft, ist der Aufstand bereits niedergeschlagen. Aber die Gelegenheit, die altväterlichen Nörgler auszuradieren, läßt sich der Jähzornige nicht entgehen. Er stürzt sich in eine Orgie aus Haß und Rache. Als Mann der Praxis zeigt er den Folterknechten, wie man die Martergeräte am effektivsten einsetzt. Als die Geständigen auf dem Richtplatz versammelt sind, erweist er sich auch in der Kunst des Köpfens als Könner.

Die Leichen der Hochverräter verpesten wochenlang die Luft. Er läßt sie zur Warnung für jene liegen, die sein Reformprogramm boykottieren. Perestroika ist seine Devise. Die alten Zöpfe müssen ab. Bärte findet er altväterlich und hinderlich beim Suppeessen. Er nimmt die Schere und schlüpft in die Rolle des Barbiers. Ritschratsch schneidet er den Herren seiner Umgebung die Zierde der Männlichkeit aus dem Gesicht. Wer die wallende Lockenpracht behalten will, muß Strafe zahlen. So wird er zum Erfinder der Bartsteuer.

Der Bart ist zwar ab, aber das Land noch lange nicht modernisiert. Rastlos krempelt er alles um. Er richtet Schulen ein, vereinfacht das Alphabet; er verfügt, daß jeder Adligen- und Beamtensohn eine Prüfung ablegt. Wer sie nicht besteht, darf nicht heiraten. Der heiligen Kirche, Sammelbecken aller Mißvergnügten, nimmt er die institutionelle Eigenständigkeit und läßt sie durch ein Ministerium kontrollieren. Der Besitz der Klöster wird beschnitten. Mönche hält er für arbeitsscheue Schmarotzer: »Heute führen die Mönche ein Klosterleben nur zum Schein. Die meisten von ihnen sind Müßiggänger.«

Eingeschüchtert durch die Vitalität des Vaters sucht sein Sohn Geborgenheit in der Gesellschaft frommer Kirchenmänner. Der junge Mann verabscheut das wilde Kriegerleben und vergräbt sich lieber in theologische Werke. Er ist das vollkommene Gegenteil des schrecklichen Vaters mit seiner ihn ständig begleitenden Dreieinigkeit: dem Affen auf der Schulter, dem grimassenschneidenden Narren an der Seite und der Flasche mit selbstgebranntem Schnaps in der Hand.

Als der junge Mann keinen Ausweg mehr sieht, flieht er ins Ausland und bittet um Asyl. Verwandte verbergen ihn auf Schloß Ehrenberg in Tirol. Der rasende Vater setzt Spione auf ihn an. Als der Despot droht, den Ausreißer zu verfluchen, kehrt der Sünder zurück. Der Vater hat ihm Straffreiheit zugesichert: »Wie ein Verräter hast Du Dich unter fremden Schutz gestellt ... Ich aber werde Dich nicht bestrafen. Und wenn Du zurückkehrst, werde ich Dir die größte Liebe erweisen.«

Der Beweis der Vaterliebe besteht darin, daß er den verlorenen Sohn verhaften und vor Gericht stellen läßt. Beim Verhör gesteht der Deserteur, eine Meuterei gegen den Vater angezettelt zu haben. Das Gericht verkündet das Todesurteil. Es braucht nicht mehr vollstreckt zu werden: Der junge Mann ist mit 35 Peitschenhieben zu Tode gefoltert worden. Das findet der Vater zwar schade, aber es reut ihn nicht.

Mit Ausnahme weniger Vertrauter zittert die ganze Nation vor seiner Unberechenbarkeit. Nur einem verzeiht er alles, selbst den Griff in die Staatskasse: seinem Intimus, den er zärtlich auf deutsch »mein Herz« nennt. Ihre homoerotische Beziehung ist weltweit Salongespräch.

An der Seite des allmächtigen Revolutionärs wird aus dem ehemaligen Pastetenhändler eine der mächtigsten und reichsten Persönlichkeiten Europas. Er ist Gouverneur, Minister, Besitzer zweier Fürstentitel und eines Fürstentums. Dieser Busenfreund macht sich eines Tages noch unentbehrlicher, als er dem großen Freund selbstlos seine Geliebte überläßt, ein fröhliches Bauernmädchen von 19 Jahren.

An ihrem großen Busen fühlt sich der Riese geborgen. Auch schätzt er die praktischen Fähigkeiten der Bäuerin, die nicht nur kochen kann, sondern ihn auch während seiner epileptischen Anfälle psychisch betreut und tröstend in die Arme nimmt. Sie schenkt ihm zwölf Kinder und wird schließlich sogar seine rechtmäßige Ehefrau.

Seine gewaltigen Ideen setzen seine Untertanen in

Angst und Schrecken. So läßt er eine riesige Stadt aus dem morastigen Boden stampfen. Es gibt kaum Unterkünfte und Werkzeug, die Verpflegung ist knapp, barfuß stehen die Arbeiter im Wasser und bewegen mit bloßen Händen Erde und Steine. 30.000 verrecken und verschwinden in den Fundamenten seiner sich in Stein verwandelnden Vision.

Er bestimmt das Baumaterial, skizziert Straßen und Häuser, Parkanlagen und Kirchtürme. Er bestellt Bäume und Statuen, Blumen und Singvögel, Kirchenuhren und Glockenspiele. Und in knapp zehn Jahren ist sie fertig, seine Stadt.

Wer war der Barbar, der sein Land zivilisierte, der ein Mörder so vieler Menschen war, und der geradezu christlich endete, weil er bei einem Schiffbruch anderen das Leben rettete und an den Folgen der Unterkühlung im eiskalten Wasser unter gräßlichen Schmerzen starb?

26 1 18 16 5 20 5 18 4 5 18 7 18 15 19 19 5 AFGB-AGBE

12

Der charismatische Aussteiger

Man nennt ihn »den Kleinen«. Aber er ist oho. Geschickt versteht er es, sich in Szene zu setzen und überall die erste Geige zu spielen. Begeistert fiedelt er Troubadourlieder und macht überhaupt gern jede französische Mode mit. Immer will er zur Avantgarde gehören. Das glückt ihm u. a. dank des immensen Vermögens seines Vaters. Wilde Freunde, Mädchen, Wein – die Feste des eleganten Playboys sind Stadtgespräch.

Als er sich auch als Kriegsheld einen Namen machen will, gerät er bei einem Scharmützel mit der Nachbarstadt für ein Jahr in Gefangenschaft. Er meditiert über sein zweifelhaftes Leben.

Zurückgekehrt, stürzt er sich in ein neues Abenteuer: Er wirft sich einer Braut namens ›Armut‹ an die Brust und flippt aus. Barfuß umherwandelnd verschenkt er die Silbertaler seines Vaters an Bettler, wickelt sich in Lumpen und küßt enthusiastisch Leprakranke. Der Vater verliert die Nerven und prügelt den Spinner vors Stadttribunal. Das ist ratlos. Man kann niemanden dafür bestrafen, daß er arm sein will.

Als eine Art Gammler-König zieht er mit 12 anderen Hippies umher und stellt die Welt auf den Kopf – jedenfalls in den Augen braver, kommerzorientierter Mitbürger. Ihre Rache für seinen Verrat an ihren heiligen Werten ist fürchterlich: Kaum ist der 45jährige ins Jenseits verschwunden, wird er von geschickten Managern genial vermarktet. Der Boom hält seit Jahrhunderten ungebrochen an. Wer war der fröhliche Aussteiger?

6 18 1 14 26 22 15 14 1 19 19 9 19 9
AAHB-ABBF

13

Der König der Klatschspalten

Den größten Teil seines Lebens verbringt er in fremden Betten und lebt aus dem Koffer. Dieses unstete Schicksal scheint in seinen Sternen gestanden zu haben: In der Nacht seiner Geburt zieht ein Komet über den Himmel. Das abergläubische Gesinde seines Vaters ist beunruhigt. Was bringt der Stern?

Zunächst nichts Gutes. Der Vater notiert ins Tagebuch: »Einmal, in seinem zweiten oder dritten Jahre, hielten wir ihn für tot und ließen seinen Sarg machen. Dieser beunruhigende Zustand dauerte bis in sein sechstes Lebensjahr fort.«

Kaum ist die Krise überwunden, bricht die ungeheure Begabung des Jungen vor. Der Vater gibt seinen Beruf auf, um sich voll und ganz der Erziehung widmen zu können. Diese ist hart, aber völlig einseitig. Seine mangelnde Bildung ist ihm zeitlebens ein Makel. Unerbittlich treibt ihn der Vater an. Beide arbeiten bis zur völligen Erschöpfung. Sie reisen kreuz und quer durch Europa. Nach zehn Jahren Streß will der erschöpfte Junge in ein kontemplatives Leben flüchten. Er vergräbt sich in asketische Bücher und erbaut sich am Leben der Heiligen. Er möchte Priester werden. Der Vater entreißt ihm die verführerische Lektüre und verordnet dem Schwärmer eine heilsame Therapie – noch mehr Arbeit. Wenig später hat die Schinderei ein Ende. Der Vater wird von einer höheren Macht abberufen. Er verabschiedet sich mit einer seltsamen Mahnung. »Auf seinem Totenbett in Boulogne sagte mir mein Vater, daß ich ein gutes Herz und Verstand besäße, aber daß er fürchte, daß die Frauen mein Leben verwirren und mich beherrschen würden. Diese Vermutung war sonderbar, denn ich hatte mit sechzehn Jahren noch keine Ahnung, was ein Weib ist, und bat treuherzig meinen Beichtvater, mir das sechste und neunte Gebot zu erklären ...«

Befreit von der väterlichen Tyrannei, stürzt sich der junge Mann in die berauschende Welt der großen Salons, um zu erkunden, was es mit den Geheimnissen der Gebote auf sich hat. »Mehr als vier Monate habe ich weder Schlaf noch Ruhe gehabt: elegante Koketterie der Boudoirs ..., Scham und Selbstvorwürfe am nächsten Morgen ... künstlerische Enttäuschungen ... alles das habe ich durchgemacht, alles erlebt, alles gefühlt, verachtet, verflucht und beweint.«

In dieser Glitzerwelt des glatten Parketts begegnet er einer Kulissenzauberin. Sie ist sechs Jahre älter als er, betörend schön, reich, hochgebildet und tiefsinnig, und aus echtem Hochadel.

Aus der romantischen Liaison wird eine schicksalsschwere Beziehung. Seine Geliebte ist verheiratet und hat Kinder. Als sie ihm mitteilt, daß sie ein Kind von ihm erwartet, fällt ihm siedendheiß die Warnung seines seligen Herrn Papa ein: Du sollst nicht ehebrechen. Was tun?

Er verschwindet, um sich von dem Schock zu erholen. Nach ein paar Wochen schickt er ihr einen Brief. Er bittet um ein letztes Wiedersehen, bevor er sich endgültig verabschiedet. Als sie sich schließlich gegenüberstehen, sind sie sofort wieder ein Herz und eine Seele. Sie flüchten. Die Hautevolee ist aus dem Häuschen über den pikanten Skandal. Alle heben entrüstet den moralischen Zeigefinger. Nur einer nicht: der Gemahl der verliebten Dame: »Marie hat recht. Wenn ihre Leidenschaft so stark ist, soll sie sich doch über die Konventionen hinwegsetzen.«

Sie lassen sich in Genf nieder. Dort kommt ihre erste Tochter zur Welt. Aus dem prickelnden Abenteuer wird eine Kleinfamilie ohne Trauschein. Nach einem Jahr kehren sie Genf den Rücken und ziehen rast- und ziellos umher. Eine zweite Tochter wird geboren. Das Kindsgeschrei nervt ihn und der bestrickende Reiz seiner Gräfin wird zu lästigen Fessel. Er flüchtet in die stimulierenden Großstädte und in die Arme unkomplizierter Verehrerinnen. Doch hier gibt es Probleme anderer Art. Lola Montez zum Beispiel, eine ihm in ihrer Sexgier ebenbürtige Partnerin, wird er nur mit List und Tücke wieder los: »Heimlich sperrte sie der Meister in ihrem Hotelzimmer ein, übergab die Schlüssel mit einem üppigen Trinkgeld dem Portier und gab die Weisung, die Tobende erst zwölf Stunden nach seiner Abfahrt freizulassen. In weiser Voraussicht hinterlegte er sogar einen Betrag als Schadensersatz für das zertrümmerte Mobiliar.«

Natürlich dringen solch sensationelle Bettgeschichten auch an die Ohren seiner Gräfin, die ihm inzwischen das dritte Kind geboren hat. Sie ist verzweifelt: »Ich habe zuviel geweint... Mein Herz und mein Gedächtnis sind ausgetrocknet...«

Während er von Höhepunkt zu Höhepunkt eilt und sich bei sensationslüsternen Damen entspannt, quält ihn sein schlechtes Gewissen. Er schreibt rührselige Briefe: »Marie, werden Sie mir bleiben? Sind Sie mir geblieben? Marie, Marie, hat die Zauberkraft, die in diesem Namen lag, sich verflüchtigt? Bin ich es, der unser Leben zerbrochen hat?«

Man trennt sich. Endlich hat er die Freiheit, unbeschwert seinem Irrstern zu folgen. Acht Jahre lang tingelt er als Virtuose durch die Welt. Er hat Umgang mit dem höchsten Adel und verkehrt mit den hübschesten Mädchen, er erntet überschwengliche Kritiken, das Publikum vergöttert ihn. Doch er ist nicht zufrieden. Er will mehr, mehr Frauen, mehr Geld, mehr Ruhm. Selbstsicher beantragt er die Verleihung des Adeltitels. Welch ein Schock: Das heißersehnte Prädikat wird ihm verweigert. Ihm, dem Größten. Er ist verletzt und muß sich mit seiner Rolle als König der Klatschspalten zufriedengeben. Was nutzt es ihm, wenn entflammte Damen seine Zigarrenstummel sammeln und an ihrem Busen aufbewahren, wenn sein Gipstorso reliquiengleich die Toilettentische seiner Groupies schmückt, wenn das Publikum ausflippt beim Anblick seiner Magiergestalt?

Plötzlich hat er alles satt: Sex, Ruhm, Rummel um seine Person. Ist das der Sinn des Lebens? Alle vergöttern ihn. Aber wer liebt ihn? Der Weltstar ertränkt seinen Weltschmerz in Cognac. Er ist 37 Jahre alt. Soll es immer so weitergehen? Da geschieht im fernen Kiew das Wunder. Eine russische Fürstin mit endlosen Liegenschaften, Schätzen und einer Schar Leibeigener – insgesamt 30.000 Stück – hat sich in ihn verliebt.

Stolzgeschwellt berichtet er eilig seiner Ex-Lebensgefährtin, der Gräfin, von seiner kolossalen Eroberung. Eine echte Fürstin! Sie antwortet: »Sie wird nicht eine von Ihren Maitressen sein wollen; und da

Sie im Laufe der letzten vier Jahre zum Punkte der Übersättigung und des tödlichen Ekels vor den Freuden der Liebe haben gelangen müssen, so müssen Sie mit Freude den Faden ergreifen, der Ihnen angeboten wird, damit Sie aus dem Labyrinth herauskommen.«

Lammfromm knüpft er sich den Faden um den Hals und legt sich selbst an die Kette seiner neuen Geliebten. Geübt im Umgang mit einem Heer von Sklaven und Untergebenen bringt die resolute Dame Ordnung in sein Bohèmeleben. Er spielt Prinzgemahl und fügt sich ergeben ihrer Regie. Sie beherrscht ihn von Anfang an und zeigt, wer das Sagen hat. Sein Schwiegersohn notiert sprachlos in sein Tagebuch: »Während sie stundenlang spricht, gönnt sie ihrem Gegenüber kaum eine halbe Minute zu einer Antwort ... Mit einer bewunderungswürdigen Schärfe, mit stets neuen, nie oberflächlichen Behauptungen führte sie die Unterhaltung, indem sie die schwersten Pflanzerzigarren rauchte und fürchterlichen Qualm verursachte ... Ich fühlte den ganzen Abend heftiges Kopfweh, so hatte mich das Reden der Fürstin angegriffen.«

Um seiner redseligen Domina wenigstens hin und wieder zu entkommen, geht er mit eigenen Kompositionen auf Tournee. Aber ins Konzert der Bewunderer mischen sich ätzende Stimmen: »Es war, als ob man eine Symphonie von Beethoven rückwärts gespielt hätte.« In London hält man ihn für »eine ordinäre Person mit gesträubten Haaren – einen Snob aus dem Irrenhaus«.

Auch wenn seine Minneherrin nicht mitreist und er sich kleine befreiende Seitensprünge erlauben kann, ist sie allzeit gegenwärtig. Jeden Tag überschüttet sie den Fernen mit inquisitorischen Liebesbriefen: »Ich liege zu Deinen kleinen, geliebten Füßen – ich küsse sie, ich wälze mich unter Deinen Sohlen und lege sie auf meinen Nacken – mit meinen Haaren fege ich den Weg, den Du zu gehen hast und lege mich in Deine Fußstapfen ... O liebstes Meisterwerk Gottes, wie ich Dich anbete ... bis zum Tode und bis zum Wahnsinn.«

Um ihn immer ganz für sich zu haben, will sie den ewig Flatterhaften durch die Bande der Ehe fesseln. Doch die deutschen Verwandten ihrer Tochter, die fürstliche Familie Hohenlohe, schämt sich des Parvenüs. Man intrigiert in Rom. Die Annullierung ihrer ersten Ehe kommt und kommt nicht voran. Fünfzehn Jahre kämpft die Russin mit der Kurie um den kirchlichen Segen. Vergeblich. Resigniert schreibt sie ihrem alternden Bräutigam: »Die Vorsehung hat es nicht gewollt. Widrige Leidenschaften sind so mächtig gewesen, daß sie die festen Entschlüsse vereiteln konnten ...«

Nun brütet sie eine neue Idee aus. Er soll Geistlicher werden. Das gefällt ihm. Geschmeichelt empfängt er die niederen Weihen und fühlt sich pudelwohl.

Wer war der Unstete, der am Schluß seines Lebens gut gedeckt durch die Soutane seinen geheimen erotischen Vergnügungen nachgehen konnte? Seine letzte Reise führte über Rom, Florenz, Budapest, Paris, London, Weimar nach Bayreuth. Hier erwartete ihn der Tod.

6 18 1 14 26 12 9 19 26 20 AHAA-AHHF

14

Der Geist aus der Flasche

Mit 30 notiert der Gesuchte in sein Tagebuch: »Das Alltagsleben ekelt mich jeden Tag mehr an!« Der Tristesse versucht er in Kneipen zu entkommen. Dort ertränkt er seinen Ekel in Fusel und Billigwein. Die Flaschenanzahl malt er gewissenhaft ins Diarium. Er trinkt, was er kriegen kann, häufig auf Kredit. Denn Geld ist selbst in seinen besten Zeiten Mangelware. Die reine Not zwingt ihn zum Beispiel, einen pornographischen Roman zu schreiben. Reich wird er dadurch nicht. Aber er braucht Wein, Wein, Wein. Nur bei Bier ist er abstinent. Gerstensaft verachtet er als dumpfes, seelenloses Gebräu, das die Phantasie einschläfert. Wenn er Wein trinkt, steigen phantastische Bilder in ihm auf. Im »Zustand des Delirierens« begeistert ihn »eine Übereinkunft der Farben, Töne und Düfte.«

Aber nicht nur liebliche Visionen steigen aus seinem Weinkelch. Nachts, im flackernden Licht der Kerzen, nehmen die von ihm erträumten Phantome Gestalt an und kriechen hinter Schränken und Vorhängen auf ihn zu. Dann schreit er vor Angst, bis seine Frau ihm zu Hilfe eilt und ihn tröstet und beruhigt wie ein kleines Kind.

Er selbst wird im Laufe der Jahre mehr und mehr zu einer grotesken Figur. Er verwandelt sich in eine seiner Gestalten. Ständig fürchtet er, verrückt zu werden. Mißtrauisch beobachtet er seine körperlichen Gebrechen und entdeckt immer Neues und Entsetzliches, z. B. Leberschaden und Rheuma. Mit 44 sind seine Hände gelähmt, und unaufhaltsam zieht die Lähmung durch den Körper. Glied um Glied stirbt ab. Er kämpft verzweifelt gegen den schleichenden Tod: »Leben, Leben, nur Leben, um jeden Preis, gleich, unter welchen Umständen es auch ist!«

Er sitzt an seinen Stuhl gefesselt am Eckfenster seiner Wohnung, um wenigstens das Leben auf der Straße sehen zu können, und diktiert die Erlebnisse seiner Frau. Vier Wochen vor seinem Tod versucht ein Arzt »mit glühenden Zangen zu beiden Seiten des Rückenmarks neues Leben einzubrennen«. Die Qualen sind zwar gering, aber die Operation gelingt nicht. Als sein Freund nach der Behandlung ins Zimmer tritt, ruft der Patient: »Riechen Sie noch den Bratengeruch? Während sie die glühenden Eisen ansetzten, mußte ich lächeln, weil ich dachte, daß mich der Teufel plombieren lasse, damit ich nicht als (Schmuggelpaket) durchschlüpfe.«

Wer war der Geisterseher?

5 20 1 8 15 6 6 13 1 14 14
AGGF-AHBB

15

Ein Popstar anno dunnemals

Mit 32 wird der Fachmann für Damenwäsche und Lifestyle Herausgeber einer monatlichen Frauenzeitschrift. Mit Feuereifer macht er sich an die Neukonzeption des weiblichen Organs. Er verpaßt seiner gehobenen Klatschpostille einen modernen Titel, liftet ihr hausbackenes Aussehen und wirbt schmeichelnd um die Mitarbeit der Creme der weiblichen Gesellschaft: Das Magazin »sollte das anerkannte Sprachrohr werden für die Meinungen der Frau über alle Gebiete der Literatur, der Kunst und des modernen Lebens, und trotzdem sollte es ein Magazin sein, das auch der Mann mit Vergnügen lesen kann und an dem mitzuarbeiten er als Ehre empfände. Wir sollten, wenn möglich, die Prinzessin Louise und die Prinzessin Christiane zu Beiträgen bewegen ...«

Sein wichtigstes Ziel ist, mit allen Mitteln Artikel berühmter Leute aus der High Society zu bekommen. Sein sicherer Instinkt für den Markt der Eitelkeit sagt ihm, daß es nicht so sehr darauf ankommt, was in seinem Blatt steht, sondern wer sich dort in Szene setzt.

Und als kühler Rechner kalkuliert er ein, daß etwas von dem schönen Glanz der großen Welt auch auf ihn fallen wird, um sein gesellschaftliches Ansehen zu heben. Seinen Aufstieg hat er generalstabsmäßig vorbereitet: Der direkte Weg in den Schoß der Beau Monde führt für einen Mann wie ihn am leichtesten durchs Herz der Frau.

Um als Chameur nicht übersehen zu werden und stets in aller Munde zu sein, schlüpft er in ein smartes Geckenkostüm und begibt sich auf Vertragsreise nach Amerika: Die konservativen Yankees sind baff: »Bei seinem ersten Vortrag trug er (...) Kniehosen aus schwarzem Samt, Seidenstrümpfe, Schnallenschuhe, ein Frackjakett mit weißer Weste und jenem weichen Hemd mit weitem Kragen und weißer Krawatte, das er schon in London gezeigt hatte. Dazu ließ er seine Haare lang gewellt bis in den Nacken fallen.«

Der Beau ist von seinem eigenen Erfolg überwältigt: »Die Gesellschaft reißt mich in Stücke. Riesenempfänge, wunderbare Diners, Menschenmengen warten ... Ich winke mit behandschuhter Hand und Elfenbeinstock, und man jubelt. Die Mädchen sind sehr hübsch, die Männer einfach und intellektuell. Die Räume sind für mich überall mit weißen Lilien geschmückt. In den Pausen gibt es ›Schampus‹, und zwei Sekretäre helfen mir. Der eine schreibt mein Autogramm und beantwortet Hunderte von Briefen, die darum betteln. Der andere, dessen Haar braun ist, schickt Locken seines eigenen Haares an die jungen Damen, die mich darum bitten; er wird zusehends kahl.«

Nicht alle sind von dem Gockelgehabe des Snobs begeistert: »Haben Dir die Kinder erzählt, wie ich (ihn) bei den Richmonds traf? Ich muß gestehen, daß es mit (ihm) genauso ist, wie mit dem Teufel, der auch schwärzer gemalt wird, als er ist. Aber nicht, daß er nicht ein Affe wäre: das ist er zweifellos, und außerdem ein intelligenter ...«

Während den Herren bei seinen Vorträgen über modernes Design oder »Die Bedeutung der Kunst im modernen Leben« leicht schwül wird, sind die Damen ganz heiß auf den charmanten Modephilosophen, der Smalltalk in druckreife Sätze verpackt. Er wärmt sich am Feuer ihrer Begeisterung und verliebt sich in eine seiner Groupies: »Wenn ich an Amerika denke, erinnere ich mich nur an die eine, deren Lippen wie die blutroten Blütenblätter einer Sommerrose sind, deren Augen zwei braunen Achaten gleichen, einem Wesen mit der Faszination eines Panthers, dem Mut einer Tigerin und der Anmut eines Vogels. – Liebste Hattie, ich erkenne jetzt, daß ich vollkommen in Dich verliebt bin ...«

Zurück in der Heimat fallen die Karikaturisten über ihn her. Er galoppiert als Pomadehengst durch die satirischen Blätter, stolziert als Pfau durch Komödien und schmettert als Großmaul und Blähbauch sein Eigenlob von der Bühne.

Das kränkt ihn nicht im geringsten. Im Gegenteil. Der Medienrummel macht ihn populär und läßt die seltsame Diskrepanz zwischen der großen, korpulenten, etwas linkischen Figur des Schöngeistes und seiner elitären Lehre des Grazilen vergessen.

Die Neigung zur Speckschwarte hat bei dem Ästheten natürliche Ursachen. Er ist ein mannhafter Trinker und kann der Verlockung des Fleisches in Form von Braten und Würsten nicht widerstehen. Die schwellenden Fettpölsterchen versucht er geschickt zu verbergen. Doch eines Tages schreibt er verstört einem Freund: »Eine etwas peinliche, für alle sichtbare Tatsache muß jetzt enthüllt werden. Bitte, verraten Sie keinem, außer Doré, und bringen Sie ihm schonend bei: Ich bin ausgesprochen dicker als zu jener Zeit, da der letzte Anzug gemacht wurde, – ich möchte sagen: gut vier Zentimeter! Ich kann den alten Anzug von Doré noch zuknöpfen, aber er ist eng und die unteren beiden Knöpfe spannen.«

Das ist nicht sein einziger Kummer. Nach den ersten großen Erfolgen ist das Spektakuläre seiner Auftritte alltäglich geworden. Der eitle Schein verblaßt. Das Kreieren neuer Gags erschöpft ihn: »Ich arbeite schwer am Faulenzen, späte Nächte und ausgehungerte Morgen folgen aufeinander. Ich wünschte, ich wäre wieder in Paris, wo ich so gut arbeiten konnte. Doch die Gesellschaft will verblüfft werden, und meine Nero-Frisur hat sie verblüfft.«

Das mopartige Haarkunstwerk bringt den alternden Jüngling wieder in die ersehnten Klatschspalten. Doch der Erfolg ist teuer erkauft. Jeden Abend muß er mindestens eine Stunde beim Figaro hocken, wo das damenhafte Prachtstück mittels Lockenwickler auf Nero gespult wird. Als ihm die tägliche Prozedur lästig wird, fällt er erneut auf, weil er ungelockt erscheint. Eine junge Dame fragt enttäuscht: »Ach, ... wo sind denn Ihre Locken?« Er lächelt maliziös: »O, ich trage sie nie nach Schluß der Saison.« Sie ist verblüfft: »Aber, ... Ihre Locken sind doch echt!?« Worauf er amüsiert erwidert: »Nein, nein! Die liegen in einer Hutschachtel aufbewahrt. Wenn Sie das nächstemal kommen, werde ich sie anlegen.«

Der Kult um die eigene Person kostet mehr, als er besitzt. Wo soll er das hernehmen? Ganz einfach. Er kommt auf die simple wie geniale Idee, eine reiche Frau zu heiraten. Auf Freiersfüßen durchstreift er die Salons auf der Suche nach üppiger Beute. Das erste Opfer ist von seinen Qualitäten als Ehemann nicht überzeugt. Er bekommt einen Korb. Doch das nächste Objekt der Begierde beißt an. Sie hat vom Großvater eine hübsche Erbschaft zu erwarten. Er ist hoffnungslos verliebt: Sie ist »eine ernste, schlanke, veilchenblauäugige kleine Artemis mit großen Kränzen dichten braunen Haares, unter dem sich ihr blumenartiger Kopf wie eine Blüte neigt, mit wundervollen Elfenbeinhänden, die dem Piano so süße Musik entlocken, daß die Vögel zu singen aufhören, um ihr zu lauschen.«

Die kleine Artemis geht ihm zwar in die Falle. Doch der Glückspilz hat Künstlerpech – nach der Hochzeit lebt der reiche Großvater der Braut wieder richtig auf. Der Geldsegen läßt auf sich warten. Das junge Paar muß sich mit den Freuden des Fleisches begnügen. Das wird bald für jedermann sichtbar. Da ein dicker Bauch in den feinen Zirkeln der Gesellschaft jedoch nicht gerne gesehen wird, spottet der Verursacher: »Meine Frau hat eine Erkältung, ich hoffe, es ist eine Knabenerkältung, werde aber alles lieben, was die Götter senden.«

Es ist eine Knaben-Erkältung und 17 Monate später legen ihm die Götter ein weiteres Himmelsgeschenk in die Wiege. Er ist ein begeisterter Vater. Das ist jedoch das einzige, was nach wenigen Jahren vom Eheglück übrig ist: »Ich war von dem Eheleben zu Tode gelangweilt.«

Während er mit Fleiß, Geschick und Glück zum einzigartigen Star aufsteigt, versucht er durch Exzesse die Unbeschwertheit seiner Jugend heraufzubeschwören. Er beginnt ein Doppelleben. Auf der Suche nach Abwechslung und immer raffinierteren Lüsten, verirrt er sich in ein Labyrinth dämonischer Leidenschaften. Das neue Objekt der Begierde ist 16 Jahre jünger als er und »von außergewöhnlicher persönlicher Schönheit«. Er ist wie behext. Es ist das Rendezvous mit dem Schicksal. Er, der das Leben spielerisch meisterte, wird zum Sklaven verbotener Lüste: »Ich kann ohne Dich nicht leben ... Du bist mir mehr, als sich irgend jemand vorstellen kann ... «

Diese Liebe beflügelt ihn zu ungeheuren Leistungen. Sie trägt ihn in euphorische Höhen und in die Folterkammern der Einsamkeit. Er ist 41 Jahre alt. Er türmt Erfolg auf Erfolg. Aber das ist für ihn nicht der Sinn des Lebens. Er mißt mit anderem Maß. Dieser kompromißlose Hedonismus bringt ihn 6 Wochen nach seinem größten Triumph vor Gericht. Es wird ein fürchterlicher Prozeß. Am 25. Mai werden er und der einzige seiner Freunde, der nicht als Zeuge gegen ihn ausgesagt hat, Opfer einer unbarmherzigen Moral der Vernichtung.

Der Gefeierte wird über Nacht zum Geächteten. Sein Besitz wird versteigert, sein Name im öffentlichen Leben ausgemerzt, seine Kinder werden seiner Verantwortung entzogen und unter fremden Namen erzogen. Er kommt ins Gefängnis: Einzelhaft, Bretterbett, das zu permanenter Schlaflosigkeit führt, und schlechte Ernährung sorgen dafür, daß der Häftling seelisch, geistig und körperlich ruiniert wird.

Als er nach zwei Jahren entlassen wird, ist er ein Wrack.

Wer war der Prophet der Schönheit, der so erbärmlich zugrunde ging? Er wurde auf dem Friedhof Père-Lachaise in Paris begraben.

15 19 3 1 18 23 9 12 4 5
AHED-AI00

16

Potent bis ins hohe Alter

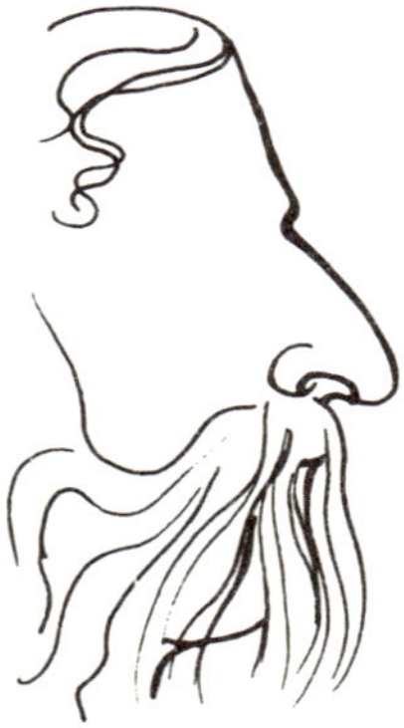

Mit 75, in einem Alter, in dem sich andere längst zur Ruhe gesetzt haben, fängt für ihn das Leben erst so richtig an. Als Viehzüchter sorgt er sich um seine Zukunft. Sein Vieh brüllt vor Hunger; die Gegend ist abgegrast und verwüstet. Er beschließt auszuwandern. Man hat ihm erzählt, daß es im Westen unbegrenzte Möglichkeiten gäbe. Das glaubt er sofort. Ohne lange nachzudenken, packt er seine Siebensachen und zieht los.

Es gibt nur ein Problem – seine Frau. Denn es herrschen rauhe Sitten. Frauenraub ist zu seiner Zeit fast ein Kavaliersdelikt und er hat Sorge, daß man ihn als störenden Dritten einfach ins Jenseits befördert. Um das zu vermeiden, schärft er seiner Frau ein, sich als seine Schwester auszugeben. Das ist gar nicht mal ganz gelogen: sie ist seine Stiefschwester.

Diese Vorsicht macht sich bezahlt. Das schöne Objekt der Begierde wird mehrere Male Opfer einer Entführung. Dabei wird dem vermeintlichen Bruder kein Haar gekrümmt. Im Gegenteil, durch die Freigebigkeit der Liebhaber seiner schwesterlichen Frau kann er seine Viehherden beträchtlich vermehren. Als eines Tages der hübsche Schwindel auffliegt, setzt er sich mit Frau und Viehzeug ab.

Irgendwann aber ist selbst der energiegeladene Greis des Umherziehens müde. Er steckt einen Claim ab und wird seßhaft. Es mangelt ihm eigentlich an nichts außer an Kindern. Trotz aller Bemühungen wird seine Frau nicht schwanger. Das ist um so bitterer, weil er sich berufen fühlt, den gesamten Landstrich aus eigener Lendenkraft zu bevölkern. Eigene Impotenz hält der kinderlose Patriarch für ausgeschlossen, da man ihm bereits vor Jahren großen Kindersegen prognostiziert hat. Es muß wohl an der Frau liegen.

Da beide praktisch veranlagt sind und eine moderne Ehe führen, nehmen sie sich eine Art Leihmutter. Diese ist die Zofe der Chefin. Nach einigen nächtlichen Rendezvous glückt es dem rüstigen Greis, die junge Dienerin zu schwängern und neun Monate später wird dem 86jährigen ein hübscher Stammhalter in die Wiege gelegt. Das Mutterglück stärkt das Selbstbewußtsein der Dienerin so gewaltig, daß bald der Haussegen schief hängt. Es kommt zu häßlichen Szenen. Sie enden damit, daß die junge Mutter ihr Kind nimmt und in die Wüste verschwindet.

Inzwischen wird der Chefin doch noch Kindersegen prophezeit. Weil sie schon fast das Großmutteralter überschritten hat, hält sie die Prognose für einen Scherz. Allein die Vorstellung, sich liebesfroh zu umarmen, treibt dem betagten Pärchen Lachtränen in die Augen. Trotzdem machen sie sich gutgelaunt und mit einer gehörigen Portion Gottvertrauen ans Werk. Als die Greisin tatsächlich nach einem

Jahr den legitimen Nachfolger bekommt, nennen sie ihn humorvoll »Sohn des Lachens«.

Der stolze Herr Papa, der sich nun als Ahnherr einer ganzen Dynastie fühlt, bezeichnet sich in Zukunft nur noch als »Vater der Menge«. Wer war's?

5 18 26 22 1 20 5 18   1 2 18 1 8 1 13

17

Die Milchkuh mit dem schönen Stil

»Sie ist eine ausgezeichnete Schönheit. Wie der Genius, der sich in ihren Werken ausspricht, ist ihr Gesicht eher schön, als interessant zu nennen; das Interessante ist immer eine graziöse oder geistreiche Abweichung vom Typus des Schönen, und ihre Züge tragen eben das Gepräge einer griechischen Regelmäßigkeit«, schwärmt Heinrich Heine, einer ihrer vielen Verehrer. Aber mindestens genauso viele finden sie abscheulich. Ein nicht minder berühmter Dichter geifert: »Sie ist dumm, plump, sie ist geschwätzig; ihre moralischen Begriffe sind von der gleichen Tiefe wie die der Hausmeister und ausgehaltenen Mädchen. Daß sich einige Männer in diese Kloake vernarren konnten, ist wohl ein Beweis für den Tiefstand unseres Jahrhunderts.«

Es gibt kaum jemanden, den ihre starke Persönlichkeit nicht beeindruckt. Sie wird entweder empört abgelehnt oder enthusiastisch gefeiert. Das fordert die »Milchkuh mit dem schönen Stil«, wie Friedrich Nietzsche sie nennt, durch ihre provokante Lebensart heraus. Wie keine andere Frau revoltiert sie gegen die Unterdrückung in der Ehe, wie keine andere setzt sie sich für die Aufhebung der Klassenunterschiede und gerechte Besitzverteilung ein, und leidenschaftlich wie keine kämpft sie um das Recht, frei lieben zu dürfen – und – das ist der Skandal – sie setzt diese Forderung lebensfroh in die Tat um.

Die ungeheure Energie und den Mut, ihr Liebesleben kompromißlos zu gestalten, verdankt sie wahrscheinlich dem berühmtesten ihrer Vorfahren, einem leibhaftigen König: ». . . dem größten Wüstling seiner Zeit. Es ist gerade keine seltene Ehre, etwas von seinem Blute in den Adern zu haben, denn er hatte, wie man behauptet, einige hundert Bastarde.«

Als sie vier Jahre alt ist, stirbt der Vater. Ein Jahr darauf verläßt die Mutter das Familienschloß. Noch fast zwanzig Jahre später leidet sie unter dem Trauma des Verlassenseins: »O meine Mutter, was habe ich Euch getan? Warum liebt Ihr mich nicht? Ihr habt mir das Herz gebrochen. Ihr habt mir Gefühlskälte und Bitterkeit in die Seele gegossen.« Die alleinerziehende Großmutter nennt die Enkelin »mein Sohn«. Das Kind soll ihr den toten Sohn ersetzen.

Als die Großmutter erkrankt, führt sie achtzehn Monate lang ein wunderbar freies Leben wie kaum ein anderes junges Mädchen ihrer Zeit. Bei Wind und Wetter geht sie allein auf die Jagd, macht tagelange Ausritte und entdeckt dabei die Schönheiten der Natur.

Als die Großmutter stirbt, wird die 17jährige Erbin eines 400 Hektar großen Gutes samt Schloß und einem Palais in der Hauptstadt. Neun Monate später heiratet die Gutsbesitzerin einen mittellosen Baron. Und pünktlich neun Monate später bekommt sie ihr erstes Kind: »Das war der schönste Augenblick meines Lebens, als ich, nach einer Stunde tiefen Schlafes, die auf die furchtbaren Schmerzen dieser Krise folgte, beim Erwachen das kleine Wesen erblickte, das auf meinem Kopfkissen schlief.«

Mit dem Kind ist sie glücklich, mit dem Ehemann ganz und gar nicht. Der säuft, schlägt sie und schläft mit den Dienstmädchen. Sie legt sich einen 19jährigen Geliebten zu. Während ihr Mann seinen Rausch ausschnarcht, steigt der heimliche Hausfreund durchs Fenster. Derweil hält ein Vertrauter des Liebespaares im Garten Wache – romantisch wie zur Ritterzeit. Sie dankt ihm: »Ihr Name verschmolz in unseren Küssen, all unsere Gedanken galten Ihnen, weil Sie in unserem Herzen waren.«

Sie geht mit ihrem jugendlichen Liebhaber nach Paris. Ihren Sohn und die kleine Tochter läßt sie in der Obhut von Hauslehrer und Dienstmädchen. In einer kleinen Mansardenwohnung schreibt das Liebespaar unter Pseudonym einen Roman. Das Buch wird von der Kritik wohlwollend aufgenommen. Vom Erfolg ermutigt, verfaßt sie in nur zwei Monaten den nächsten Roman – diesmal ohne Co-Autor. Es ist die verschlüsselte Geschichte ihrer Ehe – der erste Emanzipationsroman: »Ich wurde nur von einem klaren und feurigen Gefühl geleitet – und dieses Gefühl war Abscheu vor dem dummen, brutalen Sklaventum.«

Das Buch ist auf Anhieb ein Bestseller. Nur sechs Monat später wirft sie das nächste Buch auf den Markt. Ihr faulenzender Geliebter wird eifersüchtig. Acht Stunden täglich sitzt sie am Schreibtisch. Es kommt zum Bruch zwischen den Liebenden.

Rasch und intensiv wie sie ihre Romane durchlebt und abschließt, sind auch ihre Romanzen. Einer ihrer Freunde, ein berühmter Komponist, bemerkt über ihr Liebesleben: Sie »fängt ihren Schmetterling, zähmt ihn, indem sie ihn mit Blumen und Honig füttert. Das ist die Zeit der Liebe. Wenn er sich zu wehren beginnt, durchbohrt sie ihn mit ihrer Nadel. Das ist die Zeit der Verabschiedung, bei der sie die Initiative ergreift. Dann seziert sie ihn, konserviert ihn und tut ihn in ihre Sammlung von Romanhelden.«

Da sie rund 180 Bände veröffentlicht hat, kann die Zahl ihrer Liebhaber nicht klein gewesen sein.

Wer war die rasante Dame, für die Sex nicht nur schön war, sondern »die achtbarste und heiligste Sache der Schöpfung, das göttlichste Geheimnis, das ernsteste Lebensgeschehen im Leben des Alls?«

7 5 15 18 7 5 19 1 14 4
AH0D-AHGF

18

Ein originelles Ausstellungsstück

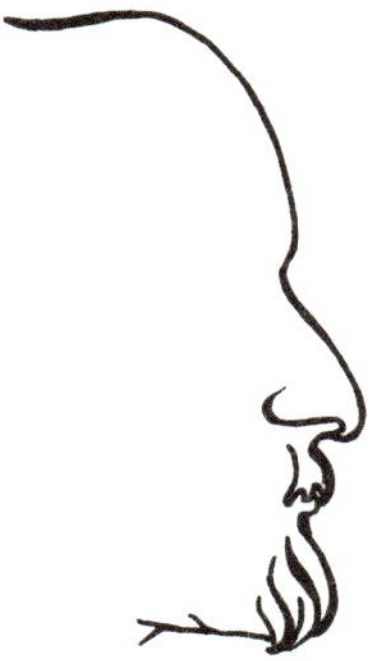

Als er stirbt, ist er längst eine Kultfigur. Seine Gestalt ist in Tausenden Statuen, Büsten und Denkmälern verewigt; Anstecknadeln mit seinem Porträt sind begehrte Souvenirs; zahllose Straßen, Plätze, ja sogar eine ganze Stadt werden nach ihm benannt.

Beeindruckender als alle Steinfiguren ist allerdings das Denkmal, das er selber darstellt. Obwohl er zu Lebzeiten persönlich einen eher bescheidenen Lebensstil bevorzugte, werden nach seinem Ableben weder Mühe noch Kosten für ihn gescheut. Anstelle von Totengräbern bestellt man eine Schar von Top-Wissenschaftlern. Die bedeutendsten Biochemiker des Landes zerbrechen sich den Gelehrtenschädel und tüfteln ein streng geheimgehaltenes Rezept aus, um den Leichnam des großen Unbekannten für die Nachwelt frisch zu halten. Mit Erfolg: In den vielen, vielen Jahren nach seinem Tod ist bei ihm nur ein wenig das Gesicht vergilbt – während bei Normalsterblichen nach einer solchen Zeitspanne höchstens noch ein paar Knochen übrig sind.

Das Geheimnis dieser »ewigen Jugend« ist angeblich ein spezielles »Schönheitsbad«, in das der kostbare Körper von Zeit zu Zeit getaucht wird. Da der Gesuchte als weltbewegender Denker gilt, erweckt das Gehirn das besondere Interesse der Mediziner. Es wird sorgfältig seziert und in einem eigens zur Erforschung dieses genialen Organs gegründeten Instituts konserviert. Die Todesursache des Hirngiganten steht bald offiziell fest: »Gehirnsklerose aufgrund übermäßiger Gehirntätigkeit«.

Aber nicht nur Biochemiker und Mediziner, auch die Architekten haben alle Hände voll zu tun: in der Rekordzeit von einer einzigen Nacht entsteht der Entwurf für eine gigantische Kultstätte. Da es gerade Winter ist und das Thermometer frostige 30 Grad Minus zeigt, werden riesige Feuer entfacht, um die steinhart gefrorene Erde aufzutauen. Doch erst nach gewaltigen Sprengungen gelingt es, die Fundamente zu legen. Das Resultat dieser ungeheuren Mühen ist eine etwas klobige Granitpyramide, vor der sich Tag für Tag eine endlose Menschenschlange bildet. Über Besuchermangel müßte sich der Halbgott nicht beklagen: bisher standen sich über 80 Millionen Menschen geduldig die Beine in den Bauch, nur um für ein paar Sekunden einen ehrfürchtigen Blick auf die Mumie werfen zu dürfen. Einige Jahre mußte er in Gesellschaft einer zweiten Mumie verbringen. Doch schließlich hat man den Störenfried aus der Grabkammer wieder entfernt. Nun träumt er wieder allein seinen Dornröschenschlaf.

Wer war der große Denker, an dessen zahllosen Denkmälern inzwischen mancherorts die Preßlufthämmer nagen?

23 12 1 4 9 13 9 18 9 12 9 20 19 3 8
21 12 10 1 14 15 23 – 12 5 14 9 14
AHG0-AIBD

19

Der brutale Ästhet

»Lange genug war ich Amboß, jetzt will ich Hammer sein«, verkündet er, und er wird es, dank der Protektion seines fast allmächtigen »Paten«. Aus dem Waisenkind, das mit sieben gekidnappt wird und als Gassenjunge aufwächst, wird auf einen Schlag einer der mächtigsten Männer der Welt. Die enormen Gelder, die er braucht, um seine Macht zu festigen, besorgt er sich, indem er Land und Städte auspreßt, »nicht ohne Bedauern«, wie er beteuert.

Als weitblickender Stratege sichert er sich Monopole in diversen Wirtschaftszweigen und treibt mit rüden Methoden Schutzzölle und Abgaben ein. Eine schlagkräftige Leibwache verschafft ihm den nötigen Respekt. Heimliche Gegner müssen um ihr Leben fürchten. Die Bevölkerung wird zur Denunziation ermuntert; Familien von Verdächtigen droht Sippenhaft. Ein Netz von Spitzeln und Geheimpolizei kontrolliert die Einhaltung seiner diktatorischen Gesetze. Verstöße gegen die brutale Ordnung werden mit Folter, Verstümmelung oder Feuerbestattung bei lebendigem Leibe bestraft.

In seiner Freizeit schlüpft der Gewaltmensch in die Pose des feinsinnigen Schöngeistes, der sich mit Geistesverwandten in mehreren Sprachen zu unterhalten versteht. Er verfaßt zarte Gedichte in gehobener Sprache und dringt tief in die Geheimnisse der Naturwissenschaft ein. Seine besondere Liebe gilt der Vogelkunde, über die er ein grundlegendes Werk verfaßt. Auch zu exotischen Raubtieren hat er eine fast zärtliche Zuneigung. Dem Vater seiner dritten Braut macht er drei edle Leoparden aus seinem Zoo zum Geschenk.

Obwohl er sich als kühler Verstandesmensch und Architekt kühner Gebäude und Phantasiewelten einen Namen gemacht hat, ist er abergläubisch wie ein sizilianischer Hinterwäldler.

Die Ehe mit seiner dritten Frau vollzieht er erst im Morgengrauen nach der Hochzeitsnacht, weil Astrologen diese Stunde für besonders günstig halten. Nach der minutiös geplanten Kopulation wird die junge Frau wie alle ihre Vorgängerinnen in seinen Harem eingegliedert und von dunkelhäutigen Eunuchen bewacht.

Mit Geschick und Brutalität vergrößert der zartbesaitete Despot unaufhaltsam seinen Einflußbereich. Dadurch kommt es zum Konflikt mit dem Chef der großen Konkurrenz-Organisation. Es wird ein mörderischer Kampf um die Macht. Bürger von Städten, die sich mit seinem Gegner arrangieren, werden mit Mafia-Methoden terrorisiert. Die überlebenden arbeitsfähigen Männer läßt er blenden und zu lebenslänglicher Zwangsarbeit in Bergwerke schaffen; ihre jungen Frauen und Töchter verschleppt er in die unterirdischen Verließe Palermos. Dort dürfen sie den Männern seiner Leibwache als Prostituierte dienen.

Trotz aller Macht ist er nicht sonderlich glücklich.

Besonders sein Lebensabend ist von Enttäuschungen getrübt. Verbündete fallen von ihm ab; einer seiner engsten Vertrauten wird als Spion des Gegners entlarvt; sein Lieblingssohn vom Feind gefangen und als Geisel lebenslänglich inhaftiert. Er selbst entgeht nur knapp einem Giftmordanschlag. Trotzdem stirbt der verhaßte Diktator, der unzählige Menschenleben auf dem Gewissen hat, relativ friedlich an einer Darmentzündung. Wer war's?

11 1 9 19 5 18 6 18 9 5 4 18 9 3 8 B.
22 15 14 19 20 1 21 6 5 14
AAID-ABE0

20

Ein trinkfester guter Engel

Er ist nicht nur ein exzellenter Militärwissenschaftler, auch in Flaschenbatterien kennt er sich bestens aus. Er trinkt zwar gern allein, aber noch lieber in Gesellschaft seiner Freunde. Als philosophisch orientierter Hedonist trinkt er natürlich nicht nur des Vergnügens wegen. Für ihn hat das Trinken philosophische Dimensionen: »Trink recht tapfer von allen diesen Sorten und bedenke, wenn Dich das Herumvagieren auf die Dauer langweilt, daß es doch die einzige Manier ist, Dir die alte Schneid wiederzugeben.«

Als großherziger Mensch läßt er auch darbende Freunde an den goldenen Schätzen seines Weinkellers teilhaben, selbst wenn sie Hunderte Kilometer weit entfernt wohnen. Dann packt er eigenhändig liebevolle Carepakete: »Du bekommst sehr guten alten ... 63er Claret und ... 57er Rheinwein; Moselwein habe ich nur noch ein paar Flaschen ... – Endlich finde ich, daß mein ... 57er Rüdesheimer jetzt gerade in der Periode ist, wo er getrunken werden muß, und dazu brauch' ich Deine Hilfe.«

Diese Hilfe hat er natürlich nicht nötig. Er braucht einen guten Grund, um den bedürftigen Freund beschenken zu können, ohne ihn zu kränken. Hilfsbereitschaft für Notleidende hat er geerbt wie das dafür notwendige Kapital. Nur die Freude am Zechen und die weltbewegenden verrückten Ideen verdankt er seinem eigenen Kopf.

Bereits als junger Mann wirft er kritische Blicke über den Gartenzaun der väterlichen Villa. Das fromm-biedere Leben seiner Standesgenossen, ihre verlogene Moral, regt ihn zu sonderbaren religiösen Betrachtungen an: »Ich möchte einmal eine solche Ehe sehen, wo der Mann nicht seine Frau, sondern Christus in seiner Frau liebt, und liegt da die Frage nicht auf der Hand, ob er auch Christus in seiner Frau beschläft?«

Um ihn auf nützliche Gedanken zu bringen, nimmt ihn der Vater von der Schule. Statt um die Ehehygiene anderer Leute soll sich der Sohn lieber um den Verkehr im väterlichen Kontor kümmern. Gehorsam schlüpft der Jungdichter in die Rolle des Commis.

Endlich, nach vier Jahren Fron, bietet sich die Chance, dem hirntötenden Zahlengeschäft zu entkommen. Das Vaterland ruft. Das gefällt dem geschäftstüchtigen Vater gar nicht. Er will den Sohn durch Bestechung vom Militärdienst freikaufen. Doch der Jüngling beruft sich starrköpfig auf seine staatsbürgerlichen Pflichten. »Er war von vornherein entschlossen, sein Jahr als Einjähriger abzudienen, und zwar in einer Universitätsstadt, wo er gleichzeitig auch Vorlesungen hören konnte.«

Die Kaserne des Garde-Fußartillerie-Regiments liegt in der Nähe der Universität. Da er das Abitur nicht hat und auch nicht nachmachen will, muß er sich mit der Rolle des Gasthörers begnügen. Und das höchst selten. Während sich die ordentlichen Studenten im Hörsaal in die Arbeit knien, robbt er durch den Sand des Exerzierplatzes.

Trotzdem gelingt es ihm, unter dem Pseudonym »Doktor Oswald« in einen elitären Akademikerkreis einzudringen. Und hier kommt der junge Halbakademiker auf Gedanken, die seinen Eltern noch schlaflose Nächte bereiten werden. Doch noch ahnen sie nichts vom unsoliden Lebenswandel ihres Sohnes, bis dieser nach Bildungsreisen durch diverse Länder und Städte wieder in der Heimat auftaucht.

Unterwegs hat er einen zwei Jahre älteren Freund gefunden, dem er sein ganzes Leben lang treu sein wird. Aus der spießbürgerlichen Enge des Vaterhauses schreibt er an den neuen Bruder im Geiste kistenweise lamentierende Briefe, z. B.: »Ich lebe hier jetzt ein wahres Hundeleben ... Bekomme ich einen Brief, so wird er von allen Seiten beschnüffelt, eh ich ihn erhalte ... Habe den ganzen religiösen Fanatismus meines Alten wiederentdeckt ... Ich kann nicht essen, trinken, schlafen, keinen Furz lassen, ohne daß mir dasselbe vermaledeite Kindergottesgesicht vor der Nase steht. Heute vor acht Tagen sind zwei Geschwister von mir konfirmiert, heute trollte die ganze Sippschaft zum Abendmahl – der Leib des Herrn hat seine Wirkung getan, die Jammergesichter von heut morgen übertrafen alles.«

Die schlechte Gesellschaft, in die der Sohn geraten ist, lassen die frommen Eltern um die Zukunft ihres Sprößlings bangen. Nicht zu Unrecht, wie wir gleich sehen werden.

Gemeinsam mit dem Busenfreund gründet er eine Zeitung. An tollen Ideen mangelt es nicht – nur das Geld ist etwas knapp. Das hält der Freund für kein Problem: »Es ist hier schon ziemlich viel gezeichnet, und wir werden wohl bald anfangen können. Jetzt ist es aber nötig, daß Du Deinem Alten gegenüber Forderungen stellst.«

Forderungen an den gestrengen Herrn Papa zu stellen, daran wagt der Jungredakteur nicht im Traum zu denken; flugs schreibt er zurück: »Aus meinem Alten ist vollends nichts herauszubeißen . . . statt 1000 Taler schickt er uns lieber 1000 Kartätschenkugeln auf den Hals.«

Der Freund ist sauer: »Dein Alter ist ein Schweinehund, dem wir einen hundsgroben Brief schreiben werden.«

Doch bevor es zur Abfassung der Beleidigung kommt, dämmert es dem Freund, daß dadurch der begehrte Geldsack des alten Herrn in noch weitere Ferne rücken würde. Um ans große Geld zu kommen, muß man psychologische Daumenschrauben ansetzen. Der Freund, ein Ochsenkopf aus Ideen, entwickelt einen kapitalen Plan, »um Deinem Alten das Geld auszupressen, da wir jetzt keins haben. Schreib einen Geldbrief möglichst kraß an mich, worin Du Deine bisherigen (fatalen Geldschwierigkeiten) erzählst, aber so, daß ich ihn Deiner Mutter mitteilen kann. Der Alte fängt (sicher) an, Furcht zu bekommen.«

Zur Ausführung des Schurkenstücks kommt es nicht mehr. Kurz darauf wird unser Held wegen anderer Umtriebe steckbrieflich gesucht: » . . . Alter 26 bis 28 Jahre, Größe 5 Fuß 6 Zoll, Haare blond, Stirn frei, Augenbrauen blond, Augen blau, Nase und Mund proportioniert, Bart rötlich, Kinn oval, Gesicht oval, Gesichtsfarbe gesund, Statur schlank. Besondere Kennzeichen: spricht sehr rasch und ist kurzsichtig.«

Vom händeringenden Herrn Papa mit dem Nötigsten versehen, flüchtet der Gesuchte über die Schweiz nach Genua. Dort besteigt er ein Segelschiff und reist fünf Wochen durch Wind und Wellen. Leider nicht ans andere Ende der Welt, wie die von Schande gemarterten Eltern hoffen.

Das gestrandete schwarze Schaf der Familie taucht eines Tages im Übersee-Büro des Vaters auf und beansprucht forsch einen Posten in der Geschäftsleitung.

Als er endlich den Posten hat, versucht der Jungmanager, hilfsbereit wie eh und je, auch den Freund vom väterlichen Geschäft mitzuernähren. Denn der Freund ist chronisch pleite und überschüttet ihn mit Klageepisteln: »Du wirst aus meinen Briefen ersehen haben, daß ich die Scheiße wie gewöhnlich, wenn ich selbst darin stecke und nicht nur von weitem davon höre, mit großer Indifferenz durchwate. Indes: Que faire? Mein Haus ist ein Lazarett, und die Krise wird so störend, daß sie mich zwingt, ihr meine allerhöchste Aufmerksamkeit zu widmen ... Seit acht bis zehn Tagen habe ich die family mit Brot und Kartoffeln durchgefüttert, von denen es noch fraglich ist, ob ich sie heute auftreiben kann ... Dazu den Bäcker, Milchmann, Teekerl ..., alte Metzgerschulden noch. Wie soll ich mit all dem Teufelsdreck fertig werden?«

Der gutherzige Millionenerbe in spe kommt auf die simple, wenn auch leicht kriminelle Idee, wie er den notleidenden Freund an Papas Schätzen teilhaben lassen kann. Er schlägt vor, eine Rechnung zu fälschen: »Wie Du die Sache einleiten willst, überlaß ich Dir gänzlich, und es ist mir lieber, wenn Du mir das Dokument verschaffst, da es niemand etwas angeht, was wir zwei für Geschäfte machen. Du kannst meinetwegen schreiben, ich hätte mich durch Frauenzimmer in Schulden gebracht ...«

Weil das Kavaliersdelikt einen wunderbaren Geldfluß bewirkt, greift der gute Engel immer tiefer in die Tasche seines alten Herrn: »Im vorigen Jahr hab ich Gott sei Dank meinem Alten die Hälfte seines Profits des hiesigen Geschäfts aufgefressen.«

Endlich, nach zehn Jahren Bürosesselreiten in Papas Geschäft, kann der 40jährige ohne dubiose Handlungen aus dem Vollen schöpfen. Der alte Herr hat sich aus dem irdischen Jammertal verabschiedet und seinem Sohn ein stolzes Erbe hinterlassen. Kaum ist die Erbschaft geregelt, zieht er als vornehmer Privatier in die Nähe seines Busenfreundes, dessen ganze Familie, sogar die bürgerlich-steife Gattin, vom fröhlichen Junggesellen schwärmt: »Er ist stets gesund, frisch, lustig und guter Dinge, und sein Bier (...) mundet ihm köstlich.«

Nicht nur Bier, Wein, Beefsteak und Zigarren munden ihm. Auch mollige Mädchen sind nach seinem Geschmack, besonders Proletarierkinder, die nicht lesen und schreiben können. Diese unkomplizierten Geschöpfe bringt er in seinem Haushalt als Mädchen für alles unter.

Einmal beschäftigt er nacheinander zwei Schwestern und deren Nichte zur Betreuung von Tisch und Bett. Die kleine Nichte ist so hübsch, daß alle Besucher sich in sie verlieben. Als sie ein Kind erwartet, verheiratet es der fürsorgliche Dienstgeber mit einem Kaufmann. Als kurz darauf das Geschäft des Nährvaters zusammenbricht, schlüpft das mittellose Paar samt Baby beim noblen Expatron der jungen Mutter unter.

Dieser ist nicht nur großzügig im Geldausteilen. Er haftet selbst mit seinem guten Namen, wenn es gilt, den bedrängten Freund zu retten. Als sich die Haushälterin des Freundes plötzlich schwanger fühlt, obwohl sie gar nicht verheiratet ist, und der Freund aus Furcht vor seiner mißtrauischen Gattin in den Boden versinken möchte, wird aus dem guten ein rettender Engel. Demütig beichtet der Bonvivant der Freundesgattin die nicht stattgefundene Verführung und Schwängerung ihrer Perle und übernimmt selbstlos die Vaterschaft. Wenn das nicht Freundschaft ist? Obwohl er ununterbrochen Hilfe leistet, vegetiert der Freund ständig am Rande des Existenzminimus. Er lebt zu üppig.

Doch während er sein Leben lang über das Leben klagt, zecht sich sein Ernährer fröhlich jeden Kummer aus der Seele: »Sie sollten einmal dabei sein, wenn wir unseren Frühschoppen Pilsener Bier vertilgen, was da für Unsinn und Gelächter getrieben wird. Ich freue mich, daß ich diese jugendlichen Torheiten noch so mitmachen kann, man wird doch schließlich an so vielen Ecken und Enden alt, daß man wahrhaft froh sein kann, wenn einem das Lachen noch nicht abhanden gekommen ist ...«

Diese epikuräische Lebensfreude verliert er selbst dann nicht, als bereits der Sensenmann auf der Türschwelle winkt. Der vorletzte Brief vom Krankenlager beweist es: »Es geht besser, aber nach den Grundsätzen der Dialektik: die positive und die negative Seite erfahren beide Steigerung. Ich bin kräftiger, esse mehr und mit mehr Appetit, sehe sehr gut aus, sagt man; Allgemeinbefinden besser. Daneben aber auch Steigerung des Krankheitsprozesses, mehr Geschwulst, mehr Schmerzen, mehr Erschwerung des Schlafs etc ... Infolgedessen ist meine pathologisch wohlerworbene Dummheit eher gestiegen und meine Arbeitsunfähigkeit dito.«

Langsam verliert er die Stimme, das mindert nicht seine gute Laune, wie ein Freund mitteilt: »Er kann sich nur durch die Schreibtafel verständlich machen. Trotzdem ist er in guter Stimmung ... Auf der Schreibtafel macht er die heitersten Witze.«

Eine Woche später schläft der 75jährige für immer ein. Die Asche seiner sterblichen Hülle wird wunschgemäß ins Meer gestreut, dabei trinkt die Trauergemeinde wie testamentarisch verfügt »eine Flasche Wein zu meinem Gedächtnis«.

Wer war der fröhliche Trinker, der mit Leichtigkeit die meisten europäischen Sprachen sprach und der mit 70 noch Rumänisch lernte?

6 18 9 5 4 18 9 3 8 5 14 7 5 12 19
AHB0-AHIE

21

Ein bühnenreifes Schicksal

Zirkus ist seine Leidenschaft. Als geborener Impresario liebt er es, im Jubel der Menge zu baden und sich im Ruhm zu sonnen. Unter ihm wird der Zirkus großartig erweitert. Mit 650 m Länge und 125 m Breite, seinen rund 250.000 Sitzplätzen, ist er das größte Vergnügungszentrum der Welt. Mit seinem sicheren Instinkt für spektakuläre Auftritte und seinen an Zauberei grenzenden Management-Fähigkeiten, gelingt es ihm jahrzehntelang, die Massen für sich zu begeistern. Das läßt er sich allerdings einiges kosten. Wenn es gilt, eine Show abzuziehen, ist er von atemberaubender Großzügigkeit. Einmal bezahlt er 320.000 armen Bürgern der Hauptstadt, die zur Miete wohnen, ein Jahr lang die Miete. Auch wenn es gilt, eine Frau zu erobern, greift er tief in die Tasche. Seiner ersten Geliebten schenkt er einen Perlenschmuck im Wert von mehreren Millionen und eine Reihe hübscher Grundstücke. Das Geld für public relations und teure Werbegeschenke treibt er höchst simpel auf, indem er es anderen wegnimmt. Er saniert sich auf Kosten ganzer Völker. Das geht natürlich nicht ohne Tote. Nach eigenen Angaben müssen es einige Millionen gewesen sein.

Als Mann, der im Rampenlicht steht, ist er gepflegt bis zu den Zehnägeln. Schlank, fast mager, hält er sich durch regelmäßiges Training fit. Täglich reitet, schwimmt und ficht er. Schlafen hält er für überflüssigen Luxus. Drei, vier Stunden müssen reichen. Da ihm fast alles im Leben gelingt, hält er sich für den Liebling der Götter. Daher verzichtet er auch konsequent auf Leibwächter. Er meint: »Es gibt nichts Elenderes als dauernde Bewachung. Sie zeigt, daß man in ständiger Furcht lebt.« Er, dem alles glückt, hat einen großen Wunsch: Sein Tod soll schnell und plötzlich sein. Auch dieser Wunsch wird ihm gewährt: Er stirbt tragödienreif. Wer war der Zirkusfan, dessen Name »Elephant« bedeutet? Er wurde zum Inbegriff von Größe, Macht und Erhabenheit.

7 1 9 21 19   10 21 12 9 21 19   3 1 5 19 1 18 A00-DD 22. 3 8 18.

22

Der arrogante Schnorrer

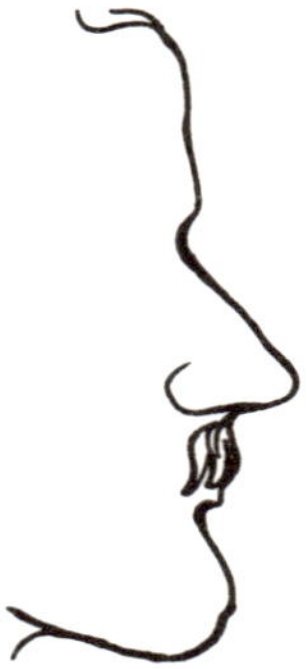

Daß er ein Genie ist, daran hat er nicht den geringsten Zweifel. Das ist allerdings auch das einzige, woran er nicht zweifelt. Hochgewachsen, mager, schlurft er sommers wie winters in Tennisschuhen durch die Stadt auf der Suche nach Identität.

Der Vater, ein liebenswürdiger Bankrotteur, will etwas Besseres aus seinem Ältesten machen. »Mein Vater hatte eine außergewöhnlich große Zuneigung zu mir. Er war der albernste Mensch, den ich je gekannt habe, und doch von beißender Schläue. Er hat bis zum letzten Atemzug an mich gedacht und von mir gesprochen. Ich habe ihn immer sehr gern gemocht, da ich selbst ein Sünder bin, und sogar seine Fehler geliebt. Hunderte von Seiten und Dutzende von Personen in meinen Büchern verdanke ich ihm. Über seinen trockenen (oder eher feuchten) Witz und den Ausdruck seines Gesichts habe ich mich oft gebogen vor Lachen. Ich erbte von ihm seine Porträts, eine Weste, eine gute Tenorstimme und eine zügellose und leichtfertige Veranlagung (der allerdings ich ein Gutteil des Talents verdanke, das ich vielleicht habe).«

Talent hat er jede Menge. In der Jesuitenschule ist er der begabteste Schüler. Er gewinnt Auszeichnungen und Stipendien, die er jedoch sofort in den Bordellen der Stadt in fleischliche Lüste umsetzt.

Später besucht er die katholische Universität, wo er in entlegenste Wissensgebiete eindringt und in Windeseile Sprachen lernt, u. a. Neugriechisch, Italienisch, Deutsch und Portugiesisch. Insgesamt beherrscht er später mehr als ein Dutzend. Sprache, das ist für ihn Musik. Dichten und Singen gehören für ihn zusammen wie Mann und Frau. Er wächst auf einem Land auf, das Sänger wie Heilige liebt und das keine Grenzen kennt als die des Übernatürlichen, von dem Dichter seit Jahrhunderten so hinreißend erzählen.

Aber vom Dichten kann man nicht leben. Was soll er werden? Nachdem er einen Essay über Ibsen und eine Handvoll Gedichte veröffentlicht hat, lungert er durch die Kneipen der Stadt und behauptet, ein verkanntes Genie zu ein. Einem berühmten Dichter geht die Attitüde des mageren Jünglings auf die Nerven: »Noch nie habe ich soviel Anmaßung getroffen und so wenig, das sie gerechtfertigt hätte.«

Er beschließt, Medizin zu studieren. Natürlich in Paris. An der Universität seiner Heimatstadt sei man gegen ihn, klagt er bei Freunden und Gönnern. Vor Selbstmitleid triefend, inszeniert er dramatische Abschiedsvorstellungen, in denen er geschickt auf seine Armut hinweist: »Ich gehe allein und freundelos ... Ich bin trotz allem nicht verzweifelt, denn selbst wenn ich scheitern sollte, weiß ich, daß ein solches Scheitern nur wenig beweist. Ich werde mich gegen die Mächte der Welt zu behaupten versuchen. Alle

Dinge sind unbeständig, nur nicht der Glaube an die Seele, der alle Dinge verwandelt und ihre Unbeständigkeit mit Licht erfüllt. Und wenn es auch scheint, als würde ich als ein Irrgläubiger aus meinem Lande vertrieben, so habe ich doch niemanden gefunden, der einen Glauben hätte wie ich.«

Eine berühmte Dame gibt dem weinerlichen Sprüchemacher Geld und ein paar nützliche Adressen. Aber statt die Universität zu besuchen, ist er Stammgast bei den Dames de plaisir. Darum ständig in Geldnot, schreibt er seiner mittellosen, inzwischen sterbenskranken Mutter widerlich winselnde Briefe: »Liebe Mutter, Deine Anweisung über 3 Shilling, 4 Pence vom letzten Dienstag war willkommen, da ich seit 42 Stunden (zweiundvierzig) nichts gegessen hatte. Heute habe ich 20 Stunden nichts gegessen ... Bei äußerster Sparsamkeit werde ich mit Deiner letzten Anweisung bis Montagmittag auskommen ... dann muß ich vermutlich wieder fasten. Ich bedaure das, da Montag und Dienstag Karnevalstage sind und ich der einzige sein werde, der in Paris hungert.« Als er eines Nachts heimkehrt, hängt an der Tür ein Telegramm: »Mutter im Sterben komm nach Hause Vater.«

Er leiht sich Geld für die Heimreise.

Nach dem Tod der Mutter verkommt die Familie vollkommen. Es gibt Tage, an denen die Kinder nicht einmal einen Teller Erbsen bekommen. Der Vater versäuft alles. Die letzten Möbel und das Klavier werden verkauft. Der Jungdichter streunt mit anderen Taugenichtsen umher. Er verhökert seine Bücher im Pfandhaus, um zu trinken, er leiht sich Geld für Bordellbesuche. In nüchternen Augenblicken versucht er wieder, Medizin zu studieren. Aber er schafft die Chemieprüfung nicht. Er will eine Zeitung gründen;

aber es mangelt an Fleiß und Energie. Zur Kompensation trinkt er.

Plötzlich, an seinem 22. Geburtstag, hat er eine Erleuchtung. Bei Kartenspiel und Bier verkündet er seinen Brüdern, daß er einen Roman begonnen habe. Knapp drei Monate später sind elf Kapitel fertig. Bis zum Erscheinen des Werkes sollen noch Jahrzehnte vergehen, aber er hat zumindest begonnen, seine phantastischen Imaginationen zu Papier zu bringen.

Da es schließlich keine andere Alternative zum Überleben gibt, tritt er seine erste Stelle an. Er wird Lehrer an einer Privatschule. Trotzdem hat er nie Geld. Seine Miete zahlt er nicht, die Leihgebühr für sein Klavier bezahlt er nicht. Als es abgeholt werden soll, bettelt er theatralisch einen Freund an: »Lieber Roberts, kommen Sie morgen um 3.30 Uhr mit 1 Pfund ins ›Ship‹. Mein Klavier ist in Gefahr. Es ist absurd, daß meine vorzügliche Stimme darunter leiden sollte.«

Der junge Lehrer, der auf seine Stimme so stolz ist, ist auch von der eigenen Erscheinung höchst angetan. Ein Freund überliefert uns ein Porträt des Künstlers als junger Mann: »... er hat ein schmales Gesicht (mit brennend dunkelblauen Augen), das vielleicht aus einer gewissen Zerstreutheit rot wird, und ein sprossender Bart verbreitet sich auf einem sehr ausgeprägten Kinn, unter dem der offene Hemdkragen einen vollen, fraulichen Hals sehen läßt. Er ist ziemlich schlank und hält sich sehr gerade, und es strahlt von ihm eine Art rührender Hoheit aus.«

Donquixotesk mäandert er eines Tages durch die Stadt, als er einem Mädchen begegnet, dessen Gang ihn fasziniert. Er bändelt mit ihr an, drängt auf ein Rendezvous. Sie versetzt ihn. Er schreibt ihr einen frustrierten Brief. Am 16. Juni gehen sie zum erstenmal miteinander aus. Entgegen Sitte und Anstand spaziert er sie in eine menschenverlassene Gegend. Und hier passiert, was ihm die Sprache verschlägt. Ehe er behutsam zur Sache kommen kann, knöpft sie ihm kurzerhand die Hose auf.

Das spätpubertäre Doktorspiel schockt und entzückt ihn. Er ist zum erstenmal richtig verliebt. Nachhaltig erschüttert macht er dem armen Zimmermädchen eine wunderliche Liebeserklärung: »Ich liebe dich nicht, und ich werde dich niemals heiraten. Aber wenn ein Stückchen Glück meinen Weg kreuzt, dann will ich es mit dir teilen.«

Drei Monate später verläßt sie mit ihm für immer ihre Heimat. 37 Jahre lang teilt sie mit ihm eine endlose Serie dürftig eingerichteter Wohnungen, seine Depressionen, seine wirklichen und eingebildeten Krankheiten, seine Geldsorgen und seine Räusche. Und nach 27 Jahren, ein halbes Jahr vor der Geburt ihres Enkelkindes, heiratet er sie doch noch. »Die Leute sagen, ich habe ihm geholfen, ein Genie zu sein. Wissen Sie, was sie als nächstes sagen werden? Mein Gott, was hätte aus dem Mann werden können ohne dieses ungebildete Weibsstück! Aber von mir aus! Ich könnte ihnen ganz schön was über ihn erzählen, nachdem ich 20 Jahre mit ihm ausgehalten habe. Und der Teufel soll ihn holen, wenn er mal wieder seinen Rappel kriegt.«

Inzwischen ist er mit einem Werk berühmt geworden, daß jenen schicksalsschweren Junitag verdichtet, als ihn die Muse in Gestalt eines verliebten Zimmermädchens küßte, über das er später dankbar sagte: »Ich habe in ihr das Bild der Schönheit der Welt geliebt, das Geheimnis und die Schönheit des Lebens selbst.«

Wer war das Genie im Geldborgen, das in seinem Leben umgerechnet rund 1,5 Millionen Mark zusammenschnorrte und kurz vor seinem 60. Geburtstag zu den Klängen der Monteverdi-Arie »Addio terra, addio cielo« fern der Heimat in eidgenössische Erde versenkt wurde? »Was macht er denn da unter der Erde, der Idiot?« fragte seine Tochter, als sie seinen Tod erfuhr, »wann wird er sich endlich entschließen, wieder herauszukommen? Er beobachtet uns die ganze Zeit.«

10 1 13 5 19 10 15 25 3 5
AHHB-AIDA

23

Ein theatralisches Liebesleben

Sein Liebesleben wäre ein wunderbarer Stoff für eine Oper. Ständig hat er Pech. Seine Angebeteten haben die Abwechslung gern und engagieren sich dauerhaft lieber woanders.

Als er eine treulose Freundin handgreiflich von seiner Leidenschaft überzeugen will, wird er mit drei Tagen Gefängnis bestraft.

Eine andere Geliebte läßt er von einem Freund aus ihrem Elternhaus entführen. Freund und Freundin finden jedoch Geschmack an dem pikanten nächtlichen Abenteuer. Während sie gemeinsam die Früchte der Venus kosten, lassen sie den Gehörnten stundenlang im Regen stehen.

Eine neue Verlobte stirbt kurz vor der Hochzeit; wegen einer anderen stürzt er sich theatralisch ins Wasser, doch leider ertrinkt er nicht.

Als er einer Kollegin vom Theater die Ehe verspricht, erscheint er nicht zur Trauung, weil ihn die Dame tags zuvor brutal gebissen hätte. Zwei Tage darauf muß er seines guten Rufes wegen die Bissige dennoch heiraten. Als sie ihre Lust an Seitensprüngen nicht unterdrücken kann, läßt er sich nach zwei Jahren scheiden. Zum Trost zieht er sich mit seiner aufgewärmten Jugendliebe aufs Land zurück. Hier versetzt ihn ein harmloser Hundebiß derart in Panik vor der Tollwut, daß er sich auf dem Weg zum Arzt eine Kugel in den Kopf schießt. Wer kennt diesen Selbstmörder?

6 5 18 4 9 14 1 14 4 18 1 9 13 21 14 4
AGI0-AHCF

24

Der Mann mit den schönen Augen

Seine Augen ziehen jede Frau in den Bann. Seine »großen, wunderbaren Augen glitten unstet umher und hafteten nirgends fest. Wenn sie sich aber momentan in die meinen versenkten, sah ich darin einen seltsamen Ausdruck: unheimlich, rätselhaft.«

Ein Psychiater, der im Leben des Rätselhaften Jahrzehnte später eine Rolle spielt, liest im Blick des 19jährigen: »Dieser General hat Anlage zum Wahnsinn, denn er hat seine Augen nicht in Gewalt.« Sein schwärmerischer Augenaufschlag fasziniert nicht nur Frauen und Psychiater. Auch Männer versinken haltlos im blauen Traum seiner Iris: »Zuerst sucht wohl das Auge das Auge, wenn man einen Menschen ansieht. Und so ging mir's bei ihm, nur daß man es schwer wieder verlassen konnte.«

Sein geheimnisvoller Blick, der jeden bezaubert, ist indes auf ganz andere Dinge gerichtet, als seine Bewunderer ahnen. Statt ihn für die praktische Seite seines verantwortungsvollen Berufes zu schärfen, schweift er ab und entdeckt auf den nächtelangen

Träumereien seiner Mondscheinritte Welten faszinierender Schönheit. Seinen Augen öffnen sich Dinge, die normalen Sterblichen verborgen sind. Er hält Zwiesprache mit zauberischen Wesen, lauscht Stimmen, die ihm von verschollener Zeit erzählen, als Könige noch gut und edel, Ritter selbstlose Helden und Frauen minnekeusche Seelenwesen waren.

Die kalte Realität seiner Gegenwart, das intrigante Tagesgeschäft seiner kühl berechnenden Mitarbeiter stoßen ihn ab. Das ist nicht das Leben, das sich der Jüngling erträumt.

Mit fünfzehn hat ihm die Kunst eines Magiers das Tor zu einer Wunderwelt geöffnet, die ihn mehr und mehr verlockt. Tief ergriffen versucht er seitdem, den Magier zu finden, dem er soviel Wunderbares verdankt. Die Sehnsucht wird so groß, daß er Boten ausschickt, um ihn aufzuspüren. Wenig später ist der ersehnte Meister gefunden. Er ist glücklich: »Unbewußt waren Sie der einzige Quell meiner Freuden von meinem zarten Jünglingsalter an, mein Freund, der mir wie keiner zum Herzen sprach, mein bester Lehrer und Erzieher ...«

Der Lehrer und Erzieher, ein armer Schlucker, greift die Gelegenheit beim Schopf. Endlich hat er das Schaf gefunden, das sich melken läßt. Sie schmücken sich mit mythologischen Kosenamen, werden ein Herz und eine Seele, nennen sich zärtlich Parsifal und Wotan.

Doch eines Tages bekommt die hehre Freundschaft einen Knacks, als der jugendlich-naive Parsifal erfährt, daß Wotan fremdgeht. Mit einem Weib. Der Frau eines andern. Als erste Gerüchte über die delikate Affaire kursieren, stellt sich Parsifal nibelungentreu vor den Freund und gibt auf dessen Wunsch öffentlich sein Wort, daß Ehebrecher, Seitenspringerin und Gehörnter Opfer eines Schmutz- und Schundjournalisten seien. Doch das zweite Kind Wotans mit der liebeslustigen Walküre bringt die Lüge an den Tag.

Parsifal ist über Wotans Treuebruch schwer gekränkt. Entrüstet wendet er sich von seinem innigst Geliebten ab und baut allein weiter an seinem romantischen Reich, in dem Frauen nur als Köchinnen und mythologische Wandfiguren Platz haben.

Frauen sind dem Hünen mit den schönen Augen unheimlich, lüsterne Sirenen, die Männer in Abgründe locken. Er fürchtet in jeder seine Mutter, die »preußische Gebärmaschine«.

Eine zum Rezitieren eingeladene Schauspielerin versetzt ihn in Angst und Schrecken, als sie außer den Reizen ihrer Stimme noch andere enthüllt. Entsetzt flüchtet Parsifal vor der liebeshungrigen Brunsthilde und läßt die düfteschweren Lüfte von einem Diener mittels Räucherpfanne reinigen. Er ist außer sich: »Das also ist das Weib! Das die Liebe! Dies das schmutzige Ende, auf das die Träume und Zärtlichkeiten abzielen.«

Richtig in Schweiß kommt er, als er heiraten soll. Als man ihm mit List und Tücke endlich das Eheversprechen abgetrotzt hat, will er am liebsten in einen See springen. Es ist ihm unerträglich, »den Vermählungstag immer näher und näher heranrücken zu sehen, erkennen zu müssen, daß dieser Bund weder für sie noch für mich glückbringend sein könnte«.

Er springt nicht in den See, sondern ans andere Ufer und löst die Verlobung. Befreit ächzt er: »Gott sei gedankt, nicht ging das Entsetzliche in Erfüllung.«

Erlöst reitet er in die geliebten Berge, wo die Freiheit wohnt. Die hektische Stadt mit ihren Lärmhöllen hinter sich lassend wie die verführerische Welt der

Frau. »Ich will mich der verdammten Höllendämmerung, die mich beständig in ihren qualmenden Dunstkreis reißen will, entziehen, um selig zu sein in der Götterdämmerung der erhabenen Berges-Einsamkeit, fern von dem Tage, dem verhaßten Feind, fern von der Tages-Sonne sengendem Schein. Fern der profanen Alltagswelt, der heillosen Politik, die mit ihren Polypenarmen mich umschlingen will und jede Poesie so gerne gänzlich ersticken möchte.«

Er macht die Nacht zum Tage, den Mond zur Sonne. Vor der Einsamkeit flüchtet er in die Arme hübscher Stallburschen und jugendlicher Adjutanten, wo er Seligkeit findet und Höllenqualen erleidet. Homosexualität gilt nach dem Moralkodex seiner Zeit als abscheuliche Perversion und krankhaftes Verbrechen. Es kommt zu kuriosen Enthaltsamkeitsschwüren mit dem Geliebten: »Feierlicher Schwur vor dem Bilde des großen Königs: ›Während 3 Monaten Enthaltsamkeit jeglicher Aufregung‹. – ›Es ist nicht gestattet, sich mehr als auf 1½ Schritte zu nähern.‹«

Doch das masochistische Spiel ist nicht lange durchzustehen. Der Trieb treibt ihn an die Brust des Freundes, der Schwur wird zur Farce. Gewissensbisse beschwichtigt er durch neue gute Vorsätze: »Bei unserer Freundschaft sei es geschworen, auf gar keinen Fall mehr vor dem dritten Juni. Gerade zwei Monate bevor es fünf Jahre sind, daß wir uns an jenem seligen sechsten Maitag ... kennen lernten, um uns nie mehr zu trennen, und nie von einander zu lassen bis zum Tode.«

Da er sich als eingefleischter Zivilist in seinem Beruf nicht wohl fühlt, Städte haßt und sein Liebesleben sorgsam verbergen muß, legt er sich Fluchtburgen zu. Hier kann er seine Phantasiewelten mit Hilfe von Künstlern materialisieren. Seine Träume werden zu Zaubergärten und Architekturwundern. Er kümmert sich um das Ganze bis ins Detail, läßt sich Bildentwürfe vorlegen, korrigiert Baupläne und brütet eigene Kuriositäten aus. Zum Beispiel ein versenkbares Tischleindeckdich, damit er allein in Gesellschaft seiner Phantasiegestalten tafeln kann, wie sein Koch verrät: »Trotzdem müssen die Diners und Soupers immer für mindestens drei bis vier Personen ausreichen. Denn wenn (er) sich auch immer allein zu Tisch setzt, so fühlt er sich doch nicht allein. Er glaubt sich in Gesellschaft Ludwigs XIV. und Ludwigs XV. und deren Freundinnen, Madame Pompadour und Madame Maintenon. Er begrüßt sie sogar mitunter und führt mit ihnen Gespräche, als hätte er sie wirklich als Gäste zu Tisch.«

Sein extravaganter Lebensstil verschlingt märchenhafte Summen. Wo das Geld herkommt, interessiert ihn nicht. Besorgte Hinweise auf das beängstigende Defizit hält er für kleinbürgerliche Sparstrumpfpolitik beschränkter Mitarbeiter.

Abgehoben von den Plattheiten des Alltags schwebt seine Seele durch den Kosmos des Mittelalters und exotische Paradiese. Sein Wintergarten – ein tropisches Gewächshaus – wird zum Treibhaus orientalischer Träume mit maurischem Gemach, türkischem Prunkzelt, indischer Hütte, wo seine Diener als Moslems maskiert auf Teppichen und Kissen herumlagern, Wasserpfeife rauchend und Mokka trinkend ihm Märchen aus Tausendundeiner Nacht vorgaukeln.

Mit zunehmendem Alter verlangt sein Geschmack immer raffiniertere Reize. Ein Gesandtschaftssekretär berichtet über den 40jährigen in die Heimat: »Es ist Ihnen bekannt, daß (er) neuerdings in seiner Zuneigung zu dem jüngeren Stallpersonal sehr energisch geworden ist ... Er segelt noch einmal mit vollen Segeln auf den Liebeswogen hinaus – so unvernünftig, daß er kaum den naheliegenden Gedanken des Ertrinkens zu fassen vermag.«

Nackttänze seiner »Lustbuben« und Märchenopern wie Massenets »Der König von Lahore« zaubern ihn in Stimmung.

An einem frostigen Januartag wird der Weltentrückte plötzlich harsch aus seinen schwülen Träumen gerissen. Er ist pleite. Keine Bank gibt mehr Kredit. Die unbezahlten Baufirmen, Handwerker und Künstler lassen sich nicht länger vertrösten. Er schickt eilig Bedienstete aus, um Geld aufzutreiben. Als ihm niemand mehr etwas leiht, plant er Banküberfälle in Paris, Berlin und Frankfurt. Seinen Adjutanten fordert er auf, gegen pfändende Gerichtsbeamte eine schlagkräftige Truppe aufzustellen, die, »wenn es wirklich zum Äußersten kommen sollte und die nötige Summe nicht fließt, das rebellische Gerichtsgesindel hinauswirft«.

Seine hohen Mitarbeiter geraten in Panik. Wenn ihr entrückter Herr Konkurs macht, müssen sie für das Mißmanagement den Kopf hinhalten und verlieren ihre Posten. Um sich zu retten, kommt ihnen ein teuflischer Plan. Was ist, wenn sie den Traumtänzer für verrückt erklären, entmündigen und ins Irrenhaus sperren? Der Anführer der Verschwörer weist einen berühmten Psychiater dezent auf die Wunderlichkeiten seines Chefs hin: »Ich schloß dann damit, daß freilich manche Personen mit dem Rätsel (seines) Verhaltens leicht fertig würden, indem sie die Meinung aussprächen, (er sei) geistig krank.«

Nach kurzer Unterredung ist der Irrenarzt vom Wahnsinn des Visionärs überzeugt. Die schnell gefaßte Diagnose untermauert der Herr Professor mit einem schriftlichen Gutachten, das auf nichts als dubiosen Zeugenaussagen basiert. Eine persönliche Untersuchung des Opfers hält er für unwichtig.

Der generalstabsmäßig Entmündigte wird von einer Fangkommission aus Irrenärzten und -pflegern überfallen und gekidnappt. Es kommt zum Dialog zwischen Arzt und Opfer: »Wie können Sie mich für geisteskrank erklären, Sie haben mich ja vorher gar nicht angesehen und untersucht?« Darauf der Herr über Freiheit und Irrenhaus: »Das war nicht notwendig; das Aktenmaterial ist sehr reichhaltig und vollkommen beweisend, es ist geradezu erdrückend.«

Der zum Irren Erklärte wird in eine seiner Fluchtburgen gebracht. Sie wird zur Privatirrenanstalt umfunktioniert. Die Türen seines Wohn- und Schlafzimmers werden mit Gucklöchern versehen, die Türdrücker abgeschraubt, Fenstergitter in Auftrag gegeben. Sein geliebtes Tuskulum wird zum Gefängnis.

Der Patient fügt sich lammfromm seinem Schicksal. Willig läßt er sich von seinem Arzt im Park spazierenführen. Er verhält sich so vernünftig, daß der Psychiater am Abend befriedigt zu einem zweiten Spaziergang aufbricht – diesmal ohne Wärter. Am Pfingstsonntag um 18.45 verlassen sie mit Hut, Mantel und Schirm das Schloß und schlagen die Uferpromenade ein. Der Regen wird stärker. Als sie um 20 Uhr noch immer nicht zurück sind, läßt der beunruhigte Assistenzarzt Pfleger, Personal und Polizei ausschwärmen. Nachts um 11 Uhr sucht er mit dem Schloßverwalter in einem Fischerkahn das Seeufer ab: »Wir waren noch nicht lange auf dem Wasser, da stieß Huber plötzlich einen Schrei aus und sprang ins Wasser ...; er umklammerte einen Körper, der auf dem Wasser daherschwamm ..., ein paar Schritte hinterdrein kam ein zweiter Körper.« Der zum Wahnsinnigen Erklärte hatte seinen Quälgeist unter Wasser erwürgt und im Tode nach Walhall mitgenommen.

Wer war der Mann mit den schönen Augen, der von sich sagte: »Ein ewiges Rätsel bleiben will ich mir und anderen.«?

11 15 5 14 9 7 12 21 4 23 9 7 B. 22 15 14 2 1 25 5 18 14
AHDE-AHHF

25

Ein Freund der fröhlichen Wissenschaft

Als 23jähriger beschreibt er sein Spiegelbild: »Seine eigene Figur lacht ihn aus.« Daß das keineswegs übertrieben ist, wissen wir von einem Zeitgenossen: Er ist »ein unansehnlicher Mann, klein, höckericht, krumm an Füßen, mit einem sehr dicken Kopf«. Aber dieser Kopf hat es in sich. Er sprüht vor Witz und Esprit, dringt tief in eine Vielzahl von Wissenschaften ein und vermag selbst schwierigste Zusammenhänge höchst unterhaltsam darzustellen. Diesem dicken Kopf verdankt sein Besitzer sogar einen bleibenden Namen auf dem Mond – und erstaunliche Popularität. Seine Universitätsveranstaltungen, bei denen es knallt und stinkt, erweisen sich als Zugnummern. Seine Freiluftexperimente sind reinste Happenings: Drachensteigenlassen bei Gewitter oder krachende Gasballonexplosionen locken Sensationslüsterne von nah und fern an.

Inzwischen berühmt, wird der zwergenhafte Geistesriese von anderen Berühmtheiten besucht. Zum Beispiel von Graf Volta, einem ebenso temperamentvollen Anhänger der fröhlichen Wissenschaft. Gemeinsam machen sie ein bedeutsames Experiment: »Ich fragte ihn, ob er das leichteste Verfahren kenne, ein Glas ohne Luftpumpe luftleer zu machen. Als er sagte: Nein, nahm ich ein Weinglas, das voll Luft war wie alle leeren Weingläser und goß es voll Wein. Er gesteht nun ein, daß es luftleer sei. Dann zeigte ich ihm das beste Verfahren, die Luft ohne Gewalt wieder zuzulassen, und trank es aus. Der Versuch mißlingt selten, wenn er gut angestellt wird. Es freute ihn nicht wenig, und er wurde von uns allen mehrmals angestellt.«

Solche Huldigungen an die fröhliche Wissenschaft zehren an seiner schwachen Gesundheit. »Es ist alles, alles Krankheit bei mir«, jammert er und zählt im Tagebuch seine Leiden auf: Von Aftersausen bis Zahnschmerzen ist jede Krankheit vertreten. Dabei lebt er doch so gesund – wie er meint: »Des Morgens um vier stehe ich auf und bin um fünf ... schon im Garten.« Danach arbeitet er bis nachmittags an der Universität. »Um fünf fahre ich in der Gegend umher und bin um sieben Uhr wieder im Garten, wo ich etwas kalte Schale oder Salat esse; lese und spaziere dann wieder und lege mich um neun oder halb zehn zu Bett.«

Nach dem Zeugnis eines nahen Bekannten hat dieser kerngesunde Lebenswandel allerdings eine leichte Schlagseite: »Des Morgens stand er spät auf, gleich darauf trank er Kaffee, Spanischbitter und Wein. Zu Mittag wurde auch wieder Wein getrunken. Nachmittags wieder Wein und Likör, um sich munter zum Schreiben zu erhalten. Des Abends wurden viele Eierspeisen gegessen und die halbe Nacht durchgelesen oder geschrieben. Nie verließ er sein Zimmer oder genoß die frische Luft ...«

Wer war der fröhliche Zecher, der durch saloppe Sprüche ebenso berühmt wurde wie durch seine wissenschaftlichen Forschungen?

7 5 15 18 7 6 18 9 5 4 18 9 3 8
12 9 3 8 20 5 14 2 5 18 7
AGDB-AGII

26

Die Dame mit dem heißbegehrten Uterus

»Das ist genau der Uterus, den ich zum Heiraten brauche!« ruft der Bräutigam begeistert aus, als er von der sagenhaften Fruchtbarkeit der Familie seiner Auserwählten hört. Immerhin brachte es die Mutter auf dreizehn, die Großmutter auf zwölf und die Urgroßmutter auf eine noch größere Kinderschar. Die Heißbegehrte selbst ahnt nichts von ihrem zukünftigen Eheglück und zieht über den Bewerber her: »Ich hasse diesen emporgekommenen Plebejer, mir tut die Auserwählte leid, ich werde bestimmt nicht sein Opfer sein. Papa ist viel zu gut, um mich in so einer wichtigen Angelegenheit zu etwas zu zwingen.«

Papa ist zwar gut, aber auch ein gerissener Politiker. Kaltblütig verschachert er sein Töchterlein an das Ungeheuer. Da eine persönliche Begegnung zwischen den Verlobten nicht vorgesehen ist, zeigt man den künftigen Lebensgefährten stark geschönte Porträts. Er ist entzückt von seiner Holden, deren breites Becken sein Tor zum erträumten Ziel werden soll. Um ein besserer Herr zu werden, übt sich der Bräutigam während der Verlobungszeit in modischen Künsten. Unter Stöhnen und Ächzen lernt er den Wechselschritt beim Walzer, er reitet täglich in gestrecktem Galopp, um seine feisten Hüften für die Flitterwochen abzuspecken und schreibt gestelzte Liebesbriefe.

Nach einem Schnellkurs in Sachen Eheberatung wird die 18jährige den Abgesandten ihres Bräutigams splitternackt übergeben. Dabei wird sie sachkundig gemustert: »Ihr Wuchs ist normal und wären ihre Schultern nicht so umfangreich, so hätte sie ein ganz angenehmes Äußeres, aber was ihr gänzlich abgeht ist Anmut. Nie besaß eine Frau weniger davon. Außerdem hat sie einen Kalmückenblick.«

In den Armen des Bräutigams verwandelt sich das Opferlamm in ein liebesfrohes Turteltäubchen. Die feine Umgebung ist pikiert: »Sie küßte ihn vor allen Leuten auf den Mund, nannte ihn Popo oder Nana, was uns alle sehr schockierte.«

Aber auch er ist höchst zufrieden: »Sie erfüllt alle meine Hoffnungen, und wir hören nicht auf, uns gegenseitig unsere zärtliche Liebe zu beweisen.«

Der brennende Wunsch nach einem Stammhalter läßt den 40jährigen nicht zur Ruhe kommen. Mehrmals wähnt er sich dem Ziele nahe, doch jedesmal stellt sich die vermutete Schwangerschaft als Magenverstimmung heraus, hervorgerufen durch den übermäßigen Genuß Pariser Cremetörtchen. Nach der dritten Scheinschwangerschaft werden ihr die Gaumenfreuden verboten. Das scheint zu helfen, denn endlich schreibt sie an den Herrn Papa: »Dieser Brief, liebster Papa, soll Ihnen meine Schwangerschaft melden. Ich benutze die Gelegenheit, um Sie um den Segen für mein Kind zu bitten.«

Stolzgeschwellt überhäuft der werdende Vater sie

mit Geschenken und Liebenswürdigkeiten. Er hat ein ziemlich schlechtes Gewissen. Soeben hat eine seiner zahlreichen Freundinnen einen Sohn zur Welt gebracht, der ihm verblüffend ähnlich sieht. Er, der sonst weder Tod noch Teufel fürchtet, hat panische Angst davor, von ihr bei einem Seitensprung ertappt zu werden.

Am Tag der Geburt wird der Ehemann hysterisch. »Er, der sich in einer Schlacht jeder Gefahr aussetzt, der tausend Soldaten sterben sah und über sie hinweggaloppierte, verlor im Zimmer seiner kreißenden Gemahlin vollends die Nerven.«

Es ist eine Steißgeburt. Der Mutter gelingt es nicht aus eigener Kraft, das Kind zur Welt zu bringen. Der Vater rast vor dem Zimmer auf und ab. Als die Kräfte der Gebärenden nachlassen, entschließt sich der Arzt zu einem Eingriff, der Kind und Mutter das Leben kosten könnte. Mit einer archaischen Zange fährt er tastend in den Geburtskanal – und hat Glück. Die Zange schließt sich um das Kind, ein kräftiger Zug, und der Stammhalter ist geboren. Der Vater stürzt ins Zimmer und bedeckt die Wöchnerin mit Küssen: »Das teure Weib, was hat sie gelitten! Um diesen Preis wünsche ich mir keine Kinder mehr!«

Dann wirft er das halbtote Kind in die Luft und verspricht ihm ein Königreich.

Das Eheglück ist von kurzer Dauer. Er muß wieder ins feindliche Leben. Und je weiter er sich von Frau und Kind entfernt, desto mehr verläßt ihn das Glück.

Da der gescheiterte Ehemann zum Nichtsnutz geworden ist, befiehlt der Herr Papa die Rückkehr von Tochter und Enkel. Sie gehorcht widerspruchslos; was von den Damen der guten Gesellschaft mit Entrüstung zur Kenntnis genommen wird: »Nicht charakterschwach, sondern charakterlos ist diese Kalbin. Sie flennte ein paar Tage wie ein Dienstmädchen, das von ihrem Liebhaber versetzt wurde, dann verdrehte sie lüstern die Augen begehrlich nach dem einäugigen Kammerherrn.«

Dieser amtlich zugeordnete Begleiter wird mehr und mehr zu ihrem vertrauten Leibwächter. Man munkelt bereits von einer geheimen Liebschaft. Zähneknirschend muß die prüde Familie diese skandalöse Beziehung dulden. Sie will um jeden Preis verhindern, daß sie sich wieder mit ihrem Ehemann vereinigt. Dieser ist verzweifelt und seine Briefe werden immer drängender: »Deine Wohnung ist bereit und ich erwarte Dich im September zur Weinlese. Niemand hat das Recht, sich Deiner Reise zu widersetzen. Komm also! Ich erwarte Dich mit Ungeduld.«

Erst erfindet sie Ausreden, dann antwortet sie nicht mehr. Seine Briefe liefert sie ungelesen dem Vater zur Information ab.

Der zermartert sich den Kopf: Was soll nun mit dieser unglückseligen Tochter, der Frau eines kompromittierenden Schwiegersohns, der Geliebten eines Unebenbürtigen geschehen? Sie muß verschwinden aus dem Zentrum von Klatsch, Bosheit und Heuchelei, wo allein ihre Gegenwart der Familie peinlich ist.

Man verschafft ihr ein hübsches kleines Besitztum in lieblicher Landschaft, und zum Trost darf sie sich ihren einäugigen Leibwächter mitnehmen, sozusagen als Tauschobjekt gegen ihren Sohn, der als Pfand bei Opa bleiben muß. Sie klagt: »Erst nach einigen Augenblicken fühlte ich den schmerzhaften Gedanken von der Trennung von meinem Sohn. Kein größeres Opfer konnte ich weder seinem Wohl, noch Ihren Wünschen, liebster Papa, bringen, und ich weiß nicht, wie ich die Kraft haben werde, es zu ertragen.«

Der strengen Kontrolle von Vater und Gatte entzogen, wird sie mutig und entwickelt Selbstvertrauen. So mutig, daß sie sogar eine zweite Schwangerschaft wagt. Wer der Vater ist, läßt sich leicht erraten und jeder weiß es, außer dem fernen Ehemann und dem Herrn Papa, vor denen die Geburt dieses und auch weiterer Kinder streng geheimgehalten wird.

Eines Tages, längst ist die Erinnerung an ihre erste legitime Ehe ferngerückt wie ein schaurigschöner Traum, will man ihr ein in Spiritus präpariertes Herz überreichen. Entsetzt lehnt sie ab: »Abgesehen davon, daß die Beerdigung seines Herzens hier, mir neuerliche Aufregung verursachen würde, wäre es ein Vorwand für alle Übelgesinnten, eine Pilgerfahrt hierher zu machen, und das wäre mir in meiner Stellung äußerst unangenehm, da ich auf dieser Welt nur Ruhe und Frieden verlange.« Es ist das Herz ihres Mannes. Nun glaubt sie sich frei. So frei, daß sie ihren Liebhaber heimlich heiratet. Doch in Wahrheit ist sie auch jetzt nicht frei. Das vierte Kind, das sie später zur Welt bringt, gilt als genauso illegitim wie die zwei vorhergegangenen.

Acht Jahre währt diese neue Ehe, welche eigentlich eine wilde ist. Dann haucht auch ihr zweiter Lebensgefährte sein Leben aus – wahrscheinlich an den Folgen der ärztlichen Behandlung.

Kaum hat sie sich mit einer Schar Liebhaber über seinen Tod hinweggetröstet, trifft sie eine neue Hiobsbotschaft. Ihr Sohn aus erster Ehe liegt im Sterben. Als sie endlich am Sterbelager eintrifft, ist sie erschüttert: »Ich bin nicht Egoistin genug, um die Verlängerung seiner Leiden zu wünschen.«

Mit 42 ist sie völlig vereinsamt und, nach der Beschreibung einer ihrer Patensöhne, »eine gealterte, ausgemergelte Frau ohne Zähne. Sie stahl sich die Liebe der Untergebenen, die sie nicht mehr geschenkt bekam.« Die Anzahl ihrer Liebhaber ist beträchtlich, darunter sind ein Lehrer, ein Marschall, ein Kammerherr, ein Tenor und noch ein Kammerherr. Einen dieser Bettgenossen findet sie so angenehm, daß sie ihn mit ihrer Tochter verheiratet. Sie schwärmt: »Es hat sich nämlich eine sehr gute Partie für meine Tochter angetragen, welche ich mit wahrem Trost angenommen habe. Er ist einer von jenen zwei Kammerherren, welche in jetzigen, unglücklichen Zeiten mir die größten Beweise von Attachement gaben.«

Diese Hochzeit bringt sie selbst noch mal auf den Geschmack zu freien. Der Favorit ist wieder ein Unebenbürtiger. Aber die Messaillance regt niemanden mehr auf, nicht einmal den informierten Herrn Papa.

Ihre vielfältigen Ehe- und Liebeserfahrungen haben sie weise gemacht. Kurz vor ihrem Tod schreibt sie: »Man hat kein Recht, über das Schicksal einer Frau zu verfügen, wenn man nicht zugleich hoffen darf, sie glücklich zu machen.«

Wer war die Dame aus besseren Kreisen, die am Ende ihres Lebens, gestützt auf den Arm ihres Mannes, große Strecken zu Fuß zurücklegte? Ihre einzige Reise mit der Eisenbahn war für sie fast eine Höllenfahrt: »Ich kann es nicht anders beschreiben, als daß ich mir vorkam wie von einem Wirbelsturm dahingetragen, im Wagen des Teufels selber.«

11 1 9 19 5 18 9 14 13 1 18 9 5 – 12 15 21 9 19 5 AGIB-AHDG

27

Die Schrullen des großen Geistes

Die Bürger können die Uhr nach ihm stellen: mit der Regelmäßigkeit eines Uhrzeigers kreist der schmächtige Mann mit dem großen Kopf tagtäglich durch die Stadt. Alles verläuft bei ihm nach einem exakten Ordnungssystem. Er schläft genau sieben Stunden und läßt sich um Punkt fünf Uhr wecken. In seinem Arbeitszimmer müssen genau 24 Grad herrschen. Daher muß in kühlen Sommern unbedingt geheizt werden. Er arbeitet genau bis 13 Uhr. Dann steht das Mittagessen auf dem Tisch, zu dem er regelmäßig Gäste einlädt: mindestens drei, nie mehr als neun. Es gibt immer drei Gerichte und eine halbe Flasche Wein pro Nase. Vor Bier hat er höllischen Respekt. Er hält es für schleichendes Gift. Als man ihm erzählt, daß jemand in den besten Jahren gestorben ist, sagt er sofort: »Er hat vermutlich Bier getrunken.«

Die Mahlzeiten dauern bis 17 Uhr. Diese vier Stunden sind seine Pause der Entspannung. Begeistert spricht er über die Kochkunst und stellt höchstpersönlich den Küchenzettel für den nächsten Tag zusammen. Als Philosoph gruselt es ihn vor Kirchen. Er vermeidet es, in ihre Nähe zu kommen. Will jemand seiner Mittagsgäste ein Tischgebet beginnen, unterbricht er ihn geschickt und bittet Platz zu nehmen; so kommt niemand zum Beten.

Auch Wanzen mag er nicht. Er bekämpft die kleinen Blutsauger höchst originell: Die Läden seines einzigen Schlafzimmerfensters müssen Tag und Nacht geschlossen bleiben. Mit diesem Trick glaubt er die Quälgeister zu überlisten.

Seine Schrullen und sein gedankenscharfes Werk machen ihn weltberühmt, obwohl er nie den Fuß über die Stadtgrenze setzt, und er stirbt zufrieden im achtzigsten Lebensjahr. Wer war dieses Muster an Ordnungssinn?

9 13 13 1 14 21 5 12   11 1 14 20
AGBD-AH0D

28

Der Lüstling im Frack

Nach der Geburt nimmt der Arzt den Schädel des Neugeborenen in beide Hände und knetet ihn wie ein Stück Ton: »Das wird ein tüchtiges Gehirn und einen erstklassigen Verstand geben.«

Zunächst scheint es allerdings, als ob der Knabe nur Stroh im Kopf hätte. In der Schule, einem Jesuiteninternat, glänzt er durch Dummheit. Das muß – zumindest in seinen Augen – an den Lehrern liegen: »Ich weiß nicht, ob du diesen Stall kennst, dieses triste Kloster, wo Pfaffen, die Heuchelei und Langeweile herrschen und alles einen Soutanengeruch ausströmt, der durch die ganze Stadt zieht.«

Sind seine Leistungen haarsträubend, so brütet er unter dem Sträflingsschnitt jedoch die tollsten Streiche aus. Eines Nachts bricht er mit seinen Freunden in die Speisekammer ein. Beladen mit Schinken, Brot, Wein und einigen Flaschen Likör steigen sie auf den Dachboden und feiern ein rauschendes Fest. Das Mordsgetöse weckt die Pädagogen aus ihrem klösterlichen Tiefschlaf. Die Nachtschwärmer werden zur Ruhe gebracht, und am nächsten Tag wird kurzer Prozeß gemacht. Unser Saufgenie wird zur Ernüchterung an die frische Luft gesetzt: »Mir tat es nicht leid, denn ich kam nach R. aufs Gymnasium, wo es viel besser war.«

Anscheinend ist die Schule hier leichter, denn er schafft sogar den Abschluß, wenn auch mit einigem Bauchweh. Besonders schlecht ist er in seiner Muttersprache, was ihn aber nicht abhält, schwülstige Liebesgedichte zu schreiben. Da er gerade zwei Damen gleichzeitig besingt, ist die scheußliche Produktion beträchtlich. Sein stilistisches Defizit bleibt zumindest einer der Besungenen nicht verborgen: »Er ist noch sehr jung, sein Äußeres ist recht einnehmend. Leider ist sein Kopf noch voll Flausen.«

Wenig später muß er das kuschelige Bett der Geliebten gegen die kratzenden Decken auf dem Feld der Ehre vertauschen. Es geht gegen die verhaßten Preußen. Mit Begeisterung schreibt er an seine Mutter: »Die Preußen rücken in Gewaltmärschen heran. Kein Zweifel, sie sind verloren.«

Die Niederlage ist total – leider nicht die der Preußen. Der feurige Rekrut kehrt als Pazifist vom Schlachtfeld zurück.

Ab jetzt findet der Krieg für ihn nur noch im Lager der Venus statt: »Wenn ich das Wort Krieg aussprechen höre, bin ich so bestürzt als redete man über Hexerei und Inquisition zu mir, über etwas Fernliegendes, Erledigtes, Abscheuliches, Ungeheuerliches und Naturwidriges.«

Jetzt ist es höchste Zeit, findet seine resolute Mutter, aus dem Flaneur ein nützliches Glied der Gesellschaft zu machen. Dank Papas Beziehungen bekommt er eine Stellung im Marineministerium. Den Wechsel ins solide Beamtenleben kommentiert ein

Bekannter: »Dieser normannische Stier, dessen Leben sich nur darin von dem eines echten Stiers unterscheidet, daß das Decken von einem städtischen Tierarzt überwacht wird, fristet nun sein Dasein unter Beamtenwürmern.«

Im Büro trieft die Langeweile aus den Wänden. Halb verkalkte Sesselkleber dösen blöde vor sich hin. Das macht ihn rasend: »Täglich dieselben stumpfsinnigen Aktenstücke, mit den gleichen stereotypen Begleitschreiben versehen, geheiligte Papiere der Bürokratie, die der Bote morgens mit dem Gesicht eines Meßdieners bringt und abends mit der Miene eines Leichenfledderers wieder abholt.«

Aus der Tristesse der Bürokraten-Einöde flüchtet er sich in phantastische Welten und kommt langsam den Schätzen seines Talents näher. Zeit hat er ja genug. Er beginnt zu schreiben. Dieser unbotmäßige Fleiß wird von seinen Kollegen mißtrauisch beäugt. Will er sie in ihrer Karriere überflügeln? Mit zarten Gemeinheiten versuchen sie, ihm den krankhaften Arbeitseifer auszutreiben. Ein abgefangener frecher Brief wird von den nägelputzenden, kaffeetrinkenden und schmetterlingssammelnden Vorgesetzten zum Anlaß genommen, ihn zu entlassen. Die Mutter ist entsetzt: »Mein Sohn! Sie werden noch in der Gosse enden, wenn Sie sich nicht umgehend um eine neue Stellung bemühen. Ich fürchte um Sie. Noch etwas: Seien Sie im Umgang mit den Damen etwas zurückhaltender.«

Die Sorgen seiner Mutter sind nicht unberechtigt. Tatsächlich stammen die meisten seiner Damenbekanntschaften vom Straßenstrich. Das bereitet ihm selbst einigen Kummer: »Hütet euch vor Weinsorten, unter deren Nachwirkungen man noch am nächsten Tag leidet und hütet euch vor allem vor

Mädchen, die man unterwegs aufliest. Ich weiß, was es damit auf sich hat und kann doch nicht von den Weinen und den Mädchen lassen.« Sein Frauenkonsum ist Stadtgespräch und erregt Neid und Bewunderung: »Ein toller Kerl! Sechs Frauen in einer Nacht – und alle schwanger.« Doch selbst Damen aus besseren Kreisen stehen längst nicht so hoch in seiner Gunst, wie manche von ihnen glauben. In den Briefen an seine Mutter bezeichnet er sie schlicht als Huren. Einige sind so süchtig nach ihm, daß sie couragiert seine Schlafzimmertür eintreten. Manche muß sein Kammerdiener sogar mit Gewalt entfernen. Er findet das lustig: »Ich liebe sie nicht, aber sie amüsieren mich.«

Einer exaltierten schwachbrüstigen Russin, die durch sentimentale Briefe eine Beziehung aufbauen will, schreibt er frech: »Apropos, sind Sie mager? Ich wäre untröstlich, mit einer mageren Dame in Korrespondenz zu stehen.« Noch bevor er dies nachprüfen kann, stirbt die junge Verehrerin.

Seiner Mutter zum Trost schafft er es durch seine abenteuerlichen Bettgeschichten, sich in eine gesicherte Stellung hinaufzuarbeiten. Als erfolgreicher Journalist kann er sich eine elegante Wohnung in bester Lage leisten. Eine Lästerzunge beschreibt sie: »Die Wohnung ist mit dem Geschmack eines karibischen Zuhälters ausgestattet, die Räumlichkeiten sind überhitzt, stickig und sehr parfümiert. Er nagelt an die Wände alle möglichen Chinesen, Japaner mit Sonnenschirmen, tausend Hottentottenweiber, die sich an den Händen halten und alle möglichen Grimassen schneiden.«

Die eigene erotisch-berufliche Karriere vor Augen, beschreibt er das Erfolgsrezept eines skrupellosen Aufsteigers. Über Nacht wird er berühmt, besonders weil die Beau monde entzückt viele seiner Figuren wiedererkennt und sich genüßlich das Maul zerreißt.

Alles, was er von nun an schreibt, wird zum Bestseller. Die Götter sind ihm hold – bis auf einen: Amor hat mit einem vergifteten Pfeil auf ihn geschossen: »Was mich betrifft, so bin ich noch immer unbehaart. Die Ärzte glauben allerdings nicht an Syphilis in meinem Falle, es sind die üblichen Beschwerden, die jeder in der Jugend einmal durchmacht.«

Diese Wunschdiagnose beruhigt ihn, nicht aber seine Freunde: »Wenn der Junge doch nur lernen würde, mit seinen Kräften hauszuhalten, oder wenn man ihn dazu überreden könnte, seinen Wohnsitz auf das Land zu verlegen, fern von der Stadt mit ihren Kloaken und billigen Weibern.« Der gutgemeinte Vorschlag stößt auf wenig Gegenliebe: »Die Provinz!? Niemals! Die Stadt ist der Misthaufen, auf dem sich mein Talent entfalten kann.« Ein anderer Kollege notiert besorgt in sein Tagebuch: »Heute früh war ich ganz betroffen von (seinem) schlechten Aussehen, seinem abgemagerten Gesicht, seinem ziegelfarbenen Teint, dem scharf markierten Charakter, wie man im Theater sagt, den seine Person angenommen hat, ja selbst sein Blick hat etwas krankhaft Starres. Er scheint mir nicht bestimmt, steinalt zu werden.«

Am meisten macht sich natürlich seine Mutter Sorgen. Sie selbst leidet an der Basedow'schen Krankheit. Scharfsichtig beobachtet sie den geistigen und körperlichen Verfall des geliebten Kindes: »Ich merkte, daß er phantasierte. Trotz meiner Bitten, trotz meiner Tränen, wollte er sofort zurück nach Cannes. Ich, von der Krankheit ans Haus gefesselt, rief ihm zu: ›Geh nicht weg mein Sohn!‹ Ich klammerte mich an ihn, ich flehte ihn an, ich, alt und hilflos, warf mich ihm zu Füßen. Und ich sah, wie sich mein armer Sohn in die Nacht verlor, exaltiert, irreredend und zu irgendeinem unbekannten Ziel aufbrechend.«

Viel Zeit bleibt ihm nicht mehr. Er weiß es um so besser, je mehr sich sein Geist verwirrt. Einen wachen Moment nutzt er, um sich zu erschießen. Doch die Waffe funktioniert nicht: es gibt nur einen mörderischen Knall. Er frohlockt: »Sieh her! Ich bin unverwundbar! Gerade habe ich mir mit dem Revolver in die Schläfe geschossen, und ich bin unversehrt. Ich könnte mir die Kehle durchschneiden und kein Blut würde fließen.« Gesagt, getan. Bevor ihm sein Kammerdiener in den Arm fallen kann, setzt er das Rasiermesser an. »Ein schrecklicher Irrtum! Mein armer Herr. Das Blut schoß ihm über den Kragen auf die Krawatte. Drei Matrosen mußte ich zu Hilfe holen, um ihn zu bändigen, bis endlich der Arzt eintraf, der die Wunde wusch und nähte.«

Nach diesen beiden Selbstmordversuchen in einer Nacht resigniert er.

Ist er vielleicht doch verrückt, wie seriöse Zeitungen schon seit Monaten behaupten? Jetzt glaubt er es selbst. Er läßt sich in eine psychiatrische Klinik einweisen. Hier benimmt er sich exzentrisch wie eh und je. »Eines Nachts überfiel er die Schlafzimmer der unverheirateten und jungen Frauen, mit der Absicht sich zu entblößen. Bevor eine Massenhysterie ausbrechen konnte, wurde er allerdings wieder eingefangen.«

Am 18. Februar 1893, drei Monate vor seinem physischen Tod verkündet er: »Heute bin ich gestorben.«

Wer war der Erotomane, den Egon Friedell mit

Homer verglich und würdigte: »Er wird nie veralten – weil er niemals neu war. Er ist der absolute Epiker. Er hat die Brutalität des Lebens. Sein Herz bleibt unbewegt, ergreift niemals Partei: das eben macht sein Genie aus.«

7 21 25 4 5 13 1 21 16 1 19 19 1 14 20
AHE0-AHIC

29

Ein Schädel wie ein Kirchenvater

Ohne den Segen der Post würde er verrückt werden. Lebendig begraben hinter meterdicken Mauern bilden Briefe oft jahrelang sein einziges Kommunikationsmittel zur Außenwelt. Darin beklagt er sich bitterlich über sein ungerechtes Schicksal: »Man kann Böses über die Regierung, über den König, über die Religion sagen: das macht alles nichts. Aber eine Hure beleidigen . . ., dafür sperrt man einen Edelmann 12 oder 15 Jahre lang ein.«

Seine konsequente Ablehnung alles Religiösen und seine hemmungslose Hingabe an die Triebkräfte der Natur haben ihn in Konflikt mit der herrschenden Moral gebracht. Nun wird er wegen seiner sexuellen Experimente von seinen Standesgenossen als Sündenbock geopfert. Er, dem königblaues Blut durch die Adern fließt, hielt sich für unangreifbar. Unbarmherzig macht man ihm den Prozeß. Er und sein Diener werden in Abwesenheit verurteilt, »vor dem Portal der Kathedrale öffentliche Abbitte zu leisten, bevor sie zur Place Saint-Louis geführt werden, wo dem besagten Herrn . . . auf einem Schafott der Kopf abgeschlagen und (der Diener) an den Galgen gehängt werden soll. Darauf werden ihre Körper verbrannt und die Asche in alle Winde verstreut.« Seinen dicken Kopf behält er, weil er rechtzeitig geflüchtet ist. Es wächst Gras über sein Vergehen, doch nach weiteren Skandalen mit jungen Mädchen fängt man ihn wieder ein. Er verteidigt sich: »Ja, ich gestehe, ich bin ein Wüstling: alles was man sich auf diesem Gebiet vorstellen kann, habe ich mir vorgestellt, aber durchaus nicht alles getan, was ich mir vorgestellt habe, und werde es auch nie tun. Ich bin ein Wüstling, aber ich bin weder ein Verbrecher noch ein Mörder.« Er wird zum Opfer seiner sexuellen Phantasien, die in der Einsamkeit des Gefängnisses ins Unermeßliche wachsen. Er wird fett und fetter, verfällt in Depressionen. Eines Tages entdeckt er seine Rettung: Das Niederschreiben seiner ungeheuerlichen Träume wird ihm zur Selbsttherapie. Er schafft sich als Autor ein schrecklich-schönes Paradies und bevölkert es mit Tausenden von Wunschgestalten, die Jahrhunderte überdauern werden. In 29 Jahren hinter Gittern verfaßt er über 30 Theaterstücke, eine Fülle von Romanen und Erzählungen, Tagebücher und unzählige Briefe – ein einmaliges Werk, das bis heute die Gemüter erregt. Wer war der als Monster Verdammte, dessen imposanter Schädel nach Ansicht eines berühmten Arztes »in jeder Hinsicht dem eines Kirchenvaters glich«?

13 1 18 17 21 9 19 4 5 19 1 4 5
AGD0-AHAD

30

Uralter Adel – Sagenhaftes Triebleben

Er stammt aus uralt-erlesener Familie und ist mütterlicherseits psychisch stark belastet. Seine ohnehin schwachen Nerven strapaziert er durch Alkohol, sexuelle Ausschweifungen und Morphium. Als 25jähriger verfaßt der hohe Herr unter Pseudonym Hetzschriften gegen Vater und Staat: »Wir leben in einer bösen Zeit; Geldschwindel, Diebstahl, hochgestelltes Gesindel, rohe Willkür, Ausnahmeregeln, Korruption, Verfall des Staates.«

Ein paar Jahre später hat der Idealist bereits resigniert: »Ich sehe die schiefe Ebene, auf der wir abwärts gleiten.« Es geht tatsächlich rasant mit ihm bergab.

Statt sich auf seinen verantwortungsvollen Beruf vorzubereiten, jagt er Frauen und jetzt Tiere zu Tode. Je exaltierter er wird, um so tiefer verirrt er sich in das Labyrinth seiner Leidenschaften. Einen Abgeordneten, der ihn wegen seiner Sittenlosigkeit öffentlich angreift, läßt er von zwei Unteroffizieren in Zivil mit Reitpeitschen verprügeln.

Auf der Flucht vor sich selbst erschießt er am 30.1.1889 in seinem Schlafzimmer ein junges Mädchen. Kurz darauf verschwindet er selbstgemordet in der Kapuzinergruft zu Wien.

Wer war der unglückliche Prinz?

11 18 15 14 16 18 9 14 26   18 21 4 15 12 6
22 15 14   8 1 2 19 2 21 18 7
AHEH-AHHI

Lösungen . . .

1. *Voltaire, 1694–1778*
2. *Albrecht Wenzel von Wallenstein, 1583–1634*
3. *Friedrich Nietzsche, 1844–1900*
4. *Georges Simenon, 1903–1989*
5. *Jean-Jacques Rousseau, 1712–1778*
6. *Mona Lisa, gemalt von Leonardo da Vinci*
7. *Heinrich Heine, 1797–1856*
8. *Alma Mahler-Werfel, 1879–1964*
9. *Gustave Flaubert, 1821–1880*
10. *Richard Wagner, 1813–1883*
11. *Zar Peter der Große, 1672–1725*
12. *Franz von Assisi, 1182–1226*
13. *Franz Liszt, 1811–1886*
14. *E. T. A. Hoffmann, 1776–1822*
15. *Oscar Wilde, 1854–1900*
16. *Erzvater Abraham*
17. *George Sand, 1804–1876*
18. *Wladimir Ilitsch Uljanow – Lenin, 1870–1924*
19. *Kaiser Friedrich II. von Staufen, 1194–1250*
20. *Friedrich Engels, 1820–1895*
21. *Gaius Julius Cäsar, 100–44 v. Chr.*
22. *James Joyce, 1882–1941*
23. *Ferdinand Raimund, 1790–1836*
24. *König Ludwig II. von Bayern, 1845–1886*
25. *Georg Friedrich Lichtenberg, 1742–1799*
26. *Kaiserin Marie-Louise, 1792–1847*
27. *Immanuel Kant, 1724–1804*
28. *Guy de Maupassant, 1850–1893*
29. *Marquis de Sade, 1740–1814*
30. *Kronprinz Rudolf von Habsburg, 1858–1889*